AF358456

LES

GRANDES INDUSTRIES

DE LA FRANCE

Société d'imprimerie Paul DUPONT Paris, 41, rue J.-J.-Rousseau

LES
GRANDES INDUSTRIES
DE LA FRANCE

PAR A. DROHOJOWSKA

L'ÉCLAIRAGE

PHILIPPE LEBON. — PANTON. — TARDIN. — LANOIX.

FRESNEL. — ARGAND. — CARCEL. — BRACONNOT.

MILLY - ADOLPHE. — MILLE. — LÉON FOUCAULT

PARIS

SOCIÉTÉ D'IMPRIMERIE — PAUL DUPONT, ÉDITEUR

41, RUE JEAN-JACQUES-ROUSSEAU, 41

(Hôtel des Fermes)

AVANT-PROPOS

I

DE LA FLAMME ET DE LA LUMIÈRE

La lumière artificielle, dit Charles Nodier dans son *Essai critique sur le gaz d'éclairage*, c'est-à-dire celle qui n'arrive pas directement des astres et des corps doués d'une lumière propre et persistante, est un des produits de la combustion d'un corps.

On désigne sous le nom de *flamme* cette substance subtile, légère, lumineuse, ardente et diversement colorée qui s'élève à la surface des corps en combustion et qui provient de l'ignition des gaz inflammables, dégagés de ces corps par l'action de la chaleur.

Quand toutes les circonstances sont favorables à la combustion complète de ces fluides gazeux, la flamme est parfaite. Dans le cas contraire une partie des corps combustibles capables de fournir le gaz inflammable passe non consumée à travers la flamme lumineuse, se manifeste sous l'aspect de la fumée et forme la suie.

La lumière des corps, brûlant avec flamme était sans doute préalablement combinée soit avec le corps combustible, soit avec la substance qui entretient la combustion, on sait que la lumière existe dans quelques corps comme partie constituante, puisqu'elle est dégagée quand ces corps entrent dans de nouvelles combinaisons ; mais on ne peut obtenir isolément la base avec laquelle elle était combinée.

S'il s'agissait de prouver que, le plus souvent, la lumière produite par des moyens artificiels provient des corps combustibles, on ferait observer que la couleur de ces flammes varie, et que cette variation n'est généralement pas dépendante du milieu qui favorise la combustion, mais du corps combustible lui-même.

Ainsi la flamme la plus pure peut être colorée par le mélange de diverses substances. Le célèbre Humphry Davy fut le premier, croyons-nous, qui imagina de donner de l'éclat aux flammes pâles en y projetant de l'oxyde de zinc ou en y plaçant un fil soit d'amiante, soit de platine.

La flamme d'une chandelle commune n'est pas d'une couleur uniforme. La partie inférieure est toujours bleue et, quand la flamme est suffisamment allongée pour être près de fumer, la pointe en est rougeâtre ou brune.

Quant à la couleur de la flamme qui s'échappe des houilles, du bois et d'autres combustibles usuels, leurs nuances viennent surtout d'un mélange plus ou moins étincelant de vapeurs aqueuses, de fumée épaisse ou d'autres produits incombustibles, passant non consumés à travers la flamme lumineuse.

L'alcool brûle avec une flamme bleuâtre, la flamme du soufre a presque la même teinte, la flamme du zinc est d'un blanc tirant sur le vert, celle de la plupart des préparations de cuivre brille d'un vert vif.

L'esprit de vin mêlé avec du sel commun jette des couleurs livides et bronzées. Si on agite dans un vase une cuillerée d'esprit de vin et une légère dose d'acide boracique ou de nitrate de cuivre et qu'on y mette le feu, on aura une flamme du plus beau vert. Qu'on y substitue du nitrate de strontiane et on obtiendra un rouge écarlate.

Nous n'en finirions pas si nous voulions épuiser les exemples qui a vrai dire ne se rapportent qu'indirectement, ou plutôt incidemment, au sujet que nous traitons, parce que les flammes colorées ne sont et n'ont été jusqu'à présent appropriées à l'éclairage que dans le cas d'illuminations et de feux décoratifs ou dans les derniers systèmes de signaux ignés maritimes et autres.

Nous ne nous y arrêterons donc encore un instant que pour faire remarquer que c'est à la diversité de ces nuances, diversité particulière aux diverses substances, surtout minérales, que la science a dû, grâce à des observations et à des études récentes, de pouvoir déterminer les éléments constitutifs des astres, dont les rayons lumineux nous arrivent à travers l'espace. Ces rayons décomposés et soigneusement analysés sont comme autant d'échantillons, si l'on peut ainsi parler, des foyers où ils ont pris naissance.

L'immense et splendide éclairage allumé par le souverain créateur dans les profondeurs du firmament est ainsi devenu, par le fait du génie et des connaissances de l'homme, un témoin qui, dans une langue aussi précise, aussi certaine qu'éloquente, répond à nos questions et raconte l'histoire de globes que séparent de nous des espaces infranchissables, histoire qui effraie la pensée et que cependant les investigations de la science sont parvenues à interroger.

II

LES LAMPES ET LES CHANDELLES

La théorie de la flamme et de la lumière ainsi posée, passons à l'examen des modes d'éclairage les plus rudimentaires.

Celui de ces moyens le plus simple et si l'on veut le plus grossier, est le résultat du dégagement de la flamme des corps combustibles dans l'état solide. Telles sont la lumière du sauvage dans sa hutte et celle du foyer dans nos appartements... Telle est encore la torche de résine en usage dans certaines contrées.

« Mais l'éclairage le plus général et le plus commode est celui par lequel une substance grasse, ou une huile du règne végétal ou du règne animal (1) sont brûlées par le moyen d'une mèche.

(1) Nous verrons plus tard comment les huiles du règne

« La bougie et la chandelle sont brûlées au moyen d'une substance qui n'est fusible qu'à une température très élevée, tandis que dans la lampe la matière combustible doit être de la nature de celles qui retiennent leur fluide à la température ordinaire de l'atmosphère.

« Toutes ces substances doivent être rendues volatiles avant qu'elles puissent produire une flamme, mais il suffit d'en volatiliser une petite quantité successivement pour se procurer une lumière utile. Et ici, dit M. Accum, avec l'enthousiasme du chimiste, « admirons la simple,
« et cependant la merveilleuse invention d'une
« chandelle ou d'une lampe communes! Ces
« corps qui contiennent une considérable quan-
« tité de substance combustible capable de
« brûler pendant plusieurs heures, renferment
« dans une place particulière un petit corps
« étranger, spongieux, emprunté au règne vé-
« gétal, qu'on appelle la mèche et qui est réel-
« lement le foyer et le laboratoire où toute
« l'opération se passe. »

« Il est cruel que des mots vulgaires détrui-

minéral sont venues depuis l'époque à laquelle ces lignes étaient écrites, réclamer une large place dans cette nomenclature.

sent en partie la poésie de ce procédé merveilleux, mais supposons un moment que le gaz hydrogène ou la lumière électrique fût depuis des siècles le moyen d'éclairage adopté et qu'on inventât la chandelle et la lampe : y aurait-il assez de voix pour louer l'ingénieux chimiste qui se serait avisé d'une telle découverte ?

« Trois objets réclament notre attention dans la lampe: l'huile, la mèche et l'air ambiant. Il est nécessaire que l'air soit promptement inflammable ; l'office de la mèche consiste à porter l'huile par l'attiration capillaire, jusqu'au lieu de la combustion ; à mesure que l'huile est décomposée, d'autre huile succède, et de cette manière, la flamme s'alimente et se maintient.

« Une chandelle ou une bougie diffèrent d'une lampe dans une circonstance essentielle : la cire ou le suif ne sont liquéfiés que lorsqu'ils se rapprochent beaucoup du foyer de la combustion, et les fluides sont retenus dans le creux en forme de coupe qu'offre la partie encore concrète. La mèche, par conséquent, ne doit pas être trop mince, car ne pouvant entraîner la cire ou le suif aussi vite qu'ils sont rendus fusibles, elle les laisserait déborder.

« ... Qu'on nous permette de citer ici, d'après M. Chevreul, deux jolies expériences de MM. Syns et Porret sur la flamme elle-même.

« La flamme d'une bougie ou d'une chandelle est creuse intérieurement : la partie lumineuse est très mince. Elle se compose de deux couches : la plus extérieure à peine visible est bleuâtre ; la seconde d'un éclat plus vif est d'un blanc roux. La manière de se convaincre que la partie lumineuse n'est qu'une couche très mince est de couper la flamme horizontalement par une toile métallique froide et suffisamment serrée. Alors la partie de la flamme, située au-dessus de la toile s'éteint, remplacée par une vapeur combustible. La partie inférieure conserve sa forme première de coupe, et en regardant l'intérieur de cette coupe au travers de la toile, on voit que le bord est un anneau étroit et lumineux, tandis que la cavité de la coupe est tout à fait obscure.

« Si on approche un corps en ignition de l'espace où s'élevait la partie supérieure de la flamme, on allumera la partie combustible qui sort au travers de la toile métallique et on reproduira la flamme semblable à ce qu'elle était

1.

avant l'interposition de la toile. Il y aura cependant cette différence que la partie supérieure ne sera pas contiguë à la partie inférieure. Il y aura même un espace entre la toile
et la partie lumineuse supérieure qui permettra
de voir que cette partie creuse est obscure à
l'intérieur et limitée extérieurement par une
enveloppe lumineuse dont l'épaisseur va, en
augmentant, de la base au sommet.

« M. Porret pense que la couche extérieure
de la flamme est la seule qui brûle; qu'elle
donne lieu à la manifestation de la chaleur, et
que c'est la couche intérieure qui donne lieu
surtout à la manifestation de la lumière. Dans
celle-ci, il y a un dépôt de charbon qui est porté
à l'incandescence. Ce dépôt, formé par la chaleur de la couche extérieure, ne se produit que
dans une très légère épaisseur : le centre obscur
de la flamme est occupé par des gaz et des
vapeurs inflammables que la mèche laisse
échapper.

« M. Porret a fait deux expériences pour
prouver que le dépôt du charbon se fait dans
la seconde couche et non au centre de la flamme.
Il a pris un tube de cuivre de deux pouces de

longueur, ouvert à ses deux extrémités, dont le diamètre total était moindre que celui de la flamme et le diamètre intérieur à peu près égal à celui de la mèche. Il a placé ce tube sur la mèche d'une chandelle commune qui venait d'être mouchée. Par l'orifice supérieur est sorti un gaz qu'il a enflammé et ce qu'il y a de remarquable, c'est qu'au bout de quelques secondes, le tube n'était pas, ou presque pas plus noirci intérieurement, tandis qu'il était recouvert à l'extérieur d'une couche de charbon. Si on répète l'expérience avec un tube coudé à angle droit, ayant sa branche horizontale fort longue, il y aura des vapeurs inflammables qui se condenseront en deux substances, dont l'une est fusible à 100° et l'autre à 32°... La flamme d'une lampe présente des résultats analogues. »

LES

HOMMES UTILES

L'ÉCLAIRAGE DEPUIS LE TEMPS LE PLUS RECULÉ JUSQU'A LA FIN DU XVIIIe SIÈCLE

I

ORIGINE, — HISTOIRE, — LÉGENDES DU FEU

Un écrivain estimé du xviiie siècle, Poinsinet de Sivry, attribue à la découverte du feu ou, à plus proprement parler de *la lumière artificielle*, l'origine des premières sociétés humaines. Nous reproduisons sa théorie, en lui en laissant bien entendu toute la responsabilité.

« ..... Ignorant, dit-il, l'usage des habits et des cabanes, les hommes étaient, selon Diodore, nécessairement sans défense et comme à la merci des lions, des ours et des tigres. Plusieurs années, plusieurs siècles et peut-être plusieurs assemblages de siè-

cles s'étaient succédé dans cet abrutissement général de l'espèce humaine (1), lorsqu'un événement
à jamais mémorable vint tout à coup ouvrir de
nouvelles voies à l'humanité.

« La foudre tomba sur un arbre au sommet d'une
montagne ; aussitôt la flamme s'attacha aux branches et fit de l'arbre un brasier. La nuit survint ;
un des hommes qui avaient été témoins du phénomène et qui se trouvait voisin de l'arbre incendié,
éprouvant une sensation agréable par l'effet de la
chaleur qui s'en dégageait, s'en approcha davantage et ressentit un bien-être dont il n'avait pas
eu idée jusqu'alors. Il fut ainsi le premier de son
espèce qui se douta que le feu pût être bienfai-
sant.

« Jusqu'alors les hommes ou n'avaient pas connu
cet élément si précieux, ou l'avaient considéré comme
un fléau redoutable, qu'ils s'empressaient d'é-
touffer avec une sainte horreur, lorsque, par hasard,
il arrivait que la foudre produisait un effet semblable à celui que nous venons de décrire.

« Foulant aux pieds les préjugés de ses pères et
les superstitions de ses contemporains, l'homme

(1) Dans la triste époque qui succéda au déluge, dit Platon,
l'industrie primitive, ensevelie avec les villes et leurs habitants, ne se releva point. Les générations suivantes perdirent
insensiblement l'usage et même la tradition des arts qui
avaient subsisté avant la submersion universelle. Il se passa
un très grand nombre de générations sans qu'aucun de ces
arts qui avaient été perdus pût se retrouver. Cette vérité est
attestée, continue l'illustre philosophe, par la faiblesse, l'enfance, l'incertitude et la nouveauté relative de nos connaissances en tous genres.

audacieux dont parle Diodore, osa ne voir dans la foudre que ses avantages. Il fit plus, il communiqua aux autres hommes sa découverte et son courage.

« L'intrépidité est une vertu qui naît dans un très petit nombre d'âmes, mais que l'exemple communique aisément à beaucoup d'autres. Celui qui, le premier, ne vit dans le feu qu'un élément salutaire, fut un héros, une âme privilégiée et naturellement intrépide. Ceux qui, devenant hardis à son exemple, lui aidèrent à perpétuer ce nouveau phénomène furent, après lui, les plus braves de l'espèce et considérés comme tels, encore qu'ils ne fussent que des héros de second ordre.

« Ils furent nommés Titans, Thyphons et Cyclopes (1).

« Mais ne perdons pas de vue ce qui se passa après que la foudre eut ainsi apporté, en quelque sorte naturellement, le feu et la lumière à la terre. Aussi bien est-ce ici que l'œuvre de l'homme commence, c'est-à-dire que se produit et se développe son industrie.

« Voyant le premier arbre incendié prêt à s'éteindre, celui qui, de sa propre autorité, s'en était établi le gardien, s'avisa de couper et de rassembler les branches d'autres arbres et de s'en servir pour entretenir le foyer, à mesure qu'il était menacé de manquer d'aliment. Grâce à cet expédient le feu se multiplia par lui-même et son éclat se répandit au loin.

« Les hommes les plus hardis de la contrée ac-

(1) Cyclope signifie *tournant autour du feu*.

coururent en foule autour du nouveau physicien ;
d'abord surpris et effrayés de la merveille qui frap-
pait leurs regards, ils furent bientôt épris de l'ardent désir de la perpétuer. A cet effet, ils s'assem-
blent en grand nombre et forment en peu d'heures
une multitude qui serait difficile à compter. Ils
s'exhortent mutuellement à fournir au feu de nouveaux matériaux et s'engagent à consacrer tous
leurs efforts à cette œuvre réputée, dès ce moment
parmi eux, grande et sainte.

« Sur ces entrefaites, de redoutables rugisse-
ments se font entendre, et, d'une caverne voisine qui
lui sert de tanière, s'élance un lion furieux. En toute
autre circonstance chacun des assistants eût cherché son salut dans une prompte fuite, mais à la
clarté de la flamme, ils se rendent compte de leur
force ; ils sentent qu'ils font troupe. La confiance a
pris la place de la terreur, et, ô merveille! les
hommes désormais unis, ont reconquis le privilège
qu'ils avaient perdu en sortant de l'état social, ils
sont redevenus les rois de la création! Tous ensemble ils poursuivent l'ennemi que l'éclat de la lumière
porte à fuir et le mettent en pièces !

« ..... On me croira aisément quand j'ajouterai
qu'après ce premier exploit, accompli en commun,
le sentiment de leur force et l'intérêt de leur con-
servation porta ces hommes à ne plus se séparer ! »

« Cependant le feu devient dès sa naissance un
moyen rapide de défrichement; les arbres qui gênent
la vue tombent dévorés par l'incendie, l'horizon s'é-
largit et les hommes, en reconnaissant que la terre,
cette demeure commune des animaux, s'étend en

tous sens partout où leur vue peut atteindre, jugent qu'elle doit aller bien au delà.

« Il ne s'agit plus pour la parcourir que de reculer les limites étroites dans lesquelles jusqu'alors ils ont vécu resserrés, c'est-à-dire de renverser ces entraves, ces barrières ou plutôt ces prisons ténébreuses formées par des forêts sans routes et sans issues.

« Le feu, cet élément désormais propice et qui a ouvert la voie, peut seul achever l'œuvre commencée. Non seulement il ouvrira à travers des solitudes réputées inaccessibles, un libre accès aux pas et à l'initiative de l'homme, mais encore et surtout il détruira au sein de ces solitudes sombres et mystérieuses les mille bêtes carnassières qui les peuplent; il y détruira entre autres ces reptiles venimeux et redoutables qui jusqu'alors ont été pour l'humanité un juste objet d'effroi. En pénétrant ainsi au sein d'une nature jusque-là inconnue, il y portera la lumière, la sécurité et la vie.

« De jour en jour on découvre dans cet élément, déjà réputé divin et honoré comme tel, des propriétés nouvelles et merveilleuses : quelques fruits tombent dans les cendres chaudes, ils y acquièrent un degré de cuisson qui en modifie la saveur et lui communique des qualités nutritives qu'apprécie le premier qui a l'idée d'y goûter : l'art culinaire a pris naissance.

« Une autre fois, on retire du brasier une branche à demi brulée, on l'examine et on n'a pas de peine à constater que le bout de ce bois qui a passé par l'épreuve du feu est infiniment plus dur que l'extrémité opposée : cette observation conduit à la création des premières armes qu'ait fabriqué l'industrie humaine. »

La cuisson de la brique, la fusion des métaux sont révélés par des incidents de même nature et quand les membres de cette première société, s'étant divisés pour aller porter ailleurs le bienfait de toutes ces découvertes, se trouvent exposés à perdre le feu qu'ils ont emporté avec eux et entretenu avec un soin qui s'est rapidement transformé en un culte véritable et que jusqu'à ce moment on n'a connu aucun moyen de rallumer s'il venait à s'éteindre, cette crainte même, en stimulant l'intelligence de l'homme, conduit celui-ci à une nouvelle conquête plus précieuse à ses yeux que toutes celles qui ont précédé : il trouve le moyen de s'élever en quelque sorte au niveau du puissant Créateur de la nature, non en *créant* la lumière et le feu, — l'homme ne saurait rien créer — mais du moins en les faisant jaillir, d'abord du frottement de deux pièces de bois sec et, plus tard, du choc d'un caillou contre tout autre corps très dur.

Mais nous n'en sommes pas encore arrivés à ce moment : le premier feu n'a point encore menacé de s'éteindre ; celui qui le premier en a connu le prix est encore à la tête de la société qu'il a fondée et, sous son impulsion, les découvertes, les inventions, naissant en quelque sorte les unes des autres, se multiplient avec rapidité : la civilisation est née ; elle a pris un essor qui ne s'arrêtera plus, et, de l'invention du feu est sortie une double lumière : la *lumière matérielle, l'éclairage*, dont nous avons à parler dans ce volume et la lumière *intellectuelle et morale*

qui dans un autre ordre de choses et d'idées, n'est
pas moins précieuse et utile. L'art de construire des
maisons ; celui de coudre ensemble des peaux d'a-
nimaux pour se vêtir ; celui bien autrement important de forcer, grâce à l'agriculture, la terre à nour-
rir ses habitants, prennent naissance à cette époque.

Cependant la possession du feu devait assurer,
au peuple qui l'avait conquise, une supériorité marquée sur tous les autres peuples. Il est donc permis
de penser que c'est du point où se produisit le
phénomène remarquable que nous venons de raconter, que les peuples guerriers s'acheminèrent à
la conquête du reste du monde. Maîtres de la lumière, ils se créèrent un passage, la torche à la main,
à travers des solitudes que la hache n'aurait jamais
pu entamer, et ce vaste embrasement donna lieu
aux hommes de découvrir les premières mines de
métaux et leur inspira l'idée de les fondre ou, au
moins, de les assouplir par le feu.

Dès lors des populations entières passent de l'état
farouche et sauvage des habitants des bois à une
vie moins inculte ; ils comprennent le besoin des
arts. S'il est vrai, ainsi que le prétend Diodore et le
soutient Poinsinet de Sivry, que ce grand incendie
qui fut en même temps le point de départ de la civilisation, ait pris naissance dans les Pyrénées, ce
serait pour notre vieille Gaule un titre de gloire,
qu'il importe de revendiquer à son profit (1).

Quoi qu'il en soit de cette théorie qui attribue à

(1) Ce fut, ajoute Poinsinet de Sivry, de cet événement même
que fut donné à ces montagnes le nom de Pyrénées, mot dont
la racine πυρ est synonyme de *feu* ou incendie.

la race celtique urienne, la conquête et par suite la civilisation du monde, l'importance de l'appropriation de la chaleur et de la lumière produites par le feu aux usages et aux besoins de la vie ne saurait être discutée.

Il n'importe pas davantage que ce soit la foudre qui ait allumé le premier foyer ou qu'il ait été dû au contact fortuit de deux cailloux ou de deux morceaux de bois sec.

Ce qui doit attirer l'attention et ce qui mérite le respect et la reconnaissance de toutes les générations qui se sont succédées depuis et qui se succèderont encore, c'est l'intelligence et le courage avec lesquels le premier qui utilisa la lumière sut dérober à la nature, pour le conserver à ses semblables, ce merveilleux et précieux secret.

« Nous le répétons donc avec une conviction profonde : le feu a dû être connu de très bonne heure, car on ne comprend pas que l'homme puisse exister sans lui. Aussi qui se représentera jamais le bonheur, le ravissement, l'extase radieuse de celui de nos pères inconnus qui, le premier, montra en triomphe, à la tribu stupéfaite, le tison fumant d'où il avait réussi à faire jaillir la flamme.

« ..... Nous avons vu le feu présider à la naissance de presque tous les arts et en activer les progrès. Métallurgie, architecture, céramique, agriculture, navigation, commerce, industrie, il anime tout de sa flamme vivifiante. Il a joué et il joue encore un rôle important dans les cérémonies religieuses et dans les rits funéraires des peuples, soit sauvages soit civilisés. Enfin il comble les hommes

de bienfaits que Wilson a énumérés dans une de
ses pages les plus éloquentes.

« Le minerai de fer, dit-il, masse noire, dis-
gracieuse, inerte gisait sous la terre. A côté de lui,
dans des couches contemporaines de celles où il se
trouve enseveli, la chaleur accumulée pendant les
siècles oubliés des temps géologiques s'était con-
densée pour former le charbon végétal.

« Et maintenant le feu allait accomplir ses triom-
phes et faire des vastes plaines et des grands
cours d'eau du nouveau monde, le théâtre de ré-
volutions sans égales depuis que le temps lui-même
était né. La houille et le fer se marient ensemble.
Les nouveaux fabricateurs de foudres travaillent
sans relâche dans les forges rugissantes... Watt,
Arkwright, Brunel, Stephenson deviennent les
Tubal-Caïns et les Wieglands-Smiths de notre âge
moderne. Leurs steamers couvrent l'Atlantique
comme d'un pont de bateaux ; et là où le génie de
l'Europe, se croyant solitaire en un monde occidental, guidait les caravelles de l'Espagne vers un autre
continent, à travers les effrayants mystères de l'O-
céan, les navires marchands de toutes les nations
précipitent leur course et défient les vents et les
flots, sous l'impulsion de ces nouvelles forces qui
sommeillaient, attendant leur réveil d'une faible étincelle allumée par le Prométhée des forêts.

« Servi par cet esclave volontaire, le génie mécanique remplit, sans se lasser, sa tâche grandiose.
L'ouvrage entier des vieux siècles est dépassé en
quelques années. Partout, et sous toutes les formes,
les nouveaux développements de cet élément pri-

mitif de la science nous font tressaillir à la vue de ses forces récentes et à jamais inépuisables.

« Au nord, au sud, dans la solitude de l'horizon occidental de la civilisation, les voies ferrées s'étendent, les chevaux de fer s'élancent essoufflés, hennissants, impatients d'arriver à l'Océan Pacifique, et l'émotion qui les agite ne cessera qu'au moment où, de concert avec les navires de commerce qui voguent sur les mers, ils auront formé une ceinture autour du monde entier (1)... »

Telle est l'importance du feu ; telle est la mission qu'il a remplie dans les sociétés humaines, les bienfaits qu'il leur a apportés.

Il était juste qu'avant de passer à l'éclairage, c'est-à-dire à la lumière née de lui, nous ayons tenu à tracer rapidement son origine, son histoire et ses légendes.

Parmi ces dernières, il en est une, rapportée d'Australie par M. Wilson, et reproduite par l'auteur que nous venons de citer, qui réclame ici sa place.

« Un petit *handicoat* (animal assez semblable au cochon d'Inde, *quinea-pig*) était d'abord seul possesseur du feu ; malgré les instances des autres animaux, il refusait obstinément de le partager avec eux. Ceux-ci tinrent conseil et résolurent d'obtenir, de gré ou de force, l'objet de leur convoitise.

« Le pigeon et le faucon furent députés vers le *handicoat,* mais il se montra inébranlable en son refus. Alors le pigeon tâcha de s'emparer du pré-

____

(1) N. Joly, *L'homme avant les métaux.*

cieux élément, mais le légitime possesseur lança
le feu dans la rivière afin de l'éteindre pour toujours.

« Heureusement le faucon, à l'œil perçant, vit le
brandon au moment où celui-ci allait tomber dans
l'eau et, d'un coup d'aile, il le lança sur les herbes
sèches de la rive opposée... Des flammes jaillirent.
L'homme noir sentit le feu et dit qu'il était bon !... »

Une dernière question s'impose à notre examen.

Y a-t-il des peuples auxquels l'usage du feu ou
la manière de le produire soient restés inconnus.

Si nous étudions cette question dans le passé,
nous répondrons : Pline parle des peuples auxquels
l'usage du feu était encore inconnu de son temps.
Plutarque, dans son traité « *Lequel est le plus utile,
le feu ou l'eau* » constate le même fait. Nous citons :

« On ne saurait dire en quel temps les hommes
n'avaient point d'eau : et ne lit-on point que pas
un des dieux ou demi-dieux en ont été l'inventeur ;
car elle a été au même instant qu'eux, voire, elle
leur a donné l'être ; là où l'usage du feu a été trouvé
hier ou devant-hier, en manière de dire, par Prométhée ; ainsi :

« Sans feu pouvait, non sans eau, la vie être.

« Et que ce ne soit point une fiction poétique
controuvée à plaisir, *la vie présente en fait pleine
foi, car il y a encore aujourd'hui par le monde des
nations qui s'entretiennent sans feu, sans maison,
sans foyer* (1). »

(1) Traduction d'Amyot.

Jusqu'à quel point ce fait que Plutarque présente comme certain, était-il prouvé ?

Nous n'avons pas à nous en préoccuper ici. Ce que nous pouvons assurer, c'est que si, parmi les auteurs modernes qui ont le plus sérieusement étudié ce sujet, il en est qui pensent que la première partie de la question doit être résolue négativement, tous sont d'accord à reconnaître que la seconde ne peut être contestée.

Il est avéré en effet que, si les habitants de la Tasmanie, entre autres, connaissent le feu, s'ils en font usage, ils ignorent du moins le moyen de se le procurer.

« Aussi leurs femmes ont-elles pour mission spéciale de porter des torches nuit et jour allumées et destinées à guider la marche de la tribu à travers les forêts.

« Si la torche vient à s'éteindre, on entreprend des voyages, quelquefois assez longs, pour aller la rallumer dans une autre tribu.

« Presque toujours aussi chaque famille emporte avec elle un cône de banksia, dont la combustion lente comme celle de l'amadou constitue une sorte de foyer permanent. »

La torche des Tasmaniens, éclairant la marche à travers les solitudes qu'ils parcourent, nous conduit naturellement en plein cœur de notre sujet : l'éclairage, tel que le pratiquaient les peuples primitifs et que le pratiquent encore les nations restées en dehors de la civilisation moderne.

II

L'ÉCLAIRAGE CHEZ LES ANCIENS

Soit qu'une circonstance fortuite ait, selon l'opinion générale, fait jaillir le feu des veines d'un caillou, ou mis en flamme deux morceaux de bois frottés l'un contre l'autre; soit que, ainsi que le prétend Poinsinet de Sivry, la foudre ait été chargée d'apporter à la terre ce don précieux, toujours est-il que l'art de l'éclairage, qui prit naissance à ce moment, répond à un des besoins les plus impérieux de la vie civilisée.

Il permet de continuer, en dehors des heures pendant lesquelles le soleil éclaire notre hémisphère, les occupations, les plaisirs de la journée.

Les principes sur lesquels cet art repose se rattachent à un grand nombre de sciences; la chimie, la physique et la mécanique lui prêtent surtout leur appui.

Le premier moyen d'éclairage employé, fut évidemment, ainsi que nous l'avons dit, fourni par la clarté qui émane du foyer lui-même. La lumière et la chaleur se trouvaient ainsi intimement unies; toutefois il est permis d'avancer que la « lumière » fut, bien plus encore que la « chaleur », le but que se proposèrent d'atteindre les premiers possesseurs du feu.

À quelle époque précise peut-on faire remonter cette possession ? nul ne le sait ; mais il est certain qu'elle remonte à la plus haute antiquité ; ainsi nous voyons dans l'*Odyssée* les poursuivants de Pénélope placer dans la salle où se tenait cette princesse, trois brasiers pour l'éclairer : brasiers qu'ils remplirent de bois odoriférants et refendus de manière à donner une grande clarté... Des torches étaient en outre allumées d'espace en espace ; enfin des femmes avaient pour tâche de promener de la lumière (probablement des torches) non seulement dans la salle, mais dans les diverses parties du palais.

Au Tœda, au Faces — morceaux ou faisceaux de bois enflammés, — succède bientôt la Candela dont la cire, le suif, la poix, les résines de toutes sortes forment l'enduit, tandis que la mèche est fournie par la moelle de certains joncs, par la grappe du ricin, par la corde de chanvre, l'écorce de papyrus, etc...

Toutefois, et remarque digne d'attention parce qu'une égale faveur s'est conservée à travers les siècles, à la même matière éclairante, « s'il est question de chandelle comme luminaire dans une circonstance qui suppose quelque luxe, c'est toujours de la cire qu'on parle ». Cette idée de luxe attachée à la cire explique l'usage dont parle Macrobe de se faire mutuellement cadeau de cierges pendant les saturnales.

Une matière éclairante, entièrement abandonnée depuis, tenait, en Italie, dans l'antiquité, une grande

place dans l'éclairage, nous voulons parler du soufre. « L'Italie qui en est si abondamment pourvue y
trouvait la base d'une foule d'industries... il servait
notamment d'enduit aux mèches à brûler et leur
donnait une très grande lucidité. D'après l'explication fournie par Pline, on est fondé à croire que le
soufre était coulé autour de la mèche, à peu près
comme la cire des chandelles. »

L'usage des lampes, postérieur à celui de la chandelle, remonte cependant à une époque très reculée.
Eusèbe en attribue l'invention aux Égyptiens, sans
préciser de date. Leur usage était général bien
avant l'ère chrétienne. Contenant et contenu, c'est-
à-dire l'appareil où la lampe proprement dite était
l'objet d'une extrême recherche et d'un grand
luxe. « Rien ne serait plus curieux sous le rapport
de l'art qu'une étude sur la variété de formes données à ce petit meuble par les Romains depuis le
triangle jusqu'au sphéroïde, depuis la conque d'une
nacelle jusqu'à la coquille d'un limaçon, depuis la
tête d'un taureau jusqu'au masque d'un tragé-
dien, le tout subordonné, bien entendu, au nombre
et au lieu... La diversité de matières et d'ornements
n'était pas moindre, aussi leur valeur était-elle très
variable... Pline, qui est en général fort réservé
dans ses appréciations, reconnaît que les lampes
d'airain de Corinthe étaient d'un prix inestimable.
D'ailleurs, et en outre de leur valeur intrinsèque, ces
sortes d'objets pouvaient, alors comme de nos jours,
acquérir une valeur imaginaire fort éloignée de leur
prix réel. C'est ainsi qu'au dire de Lucien, un homme
acheta trois cents deniers la lampe de terre qui

avait servi à Épictète, dans l'espérance qu'à la lueur de cette lampe, il aurait bientôt acquis toute la sagesse du philosophe. »

LE CANDÉLABRE. — La nécessité d'élever la lampe pour en mieux faire rayonner la clarté, fit d'abord imaginer de la suspendre ou de l'accrocher; mais comme alors elle devenait à poste fixe, on chercha le moyen de la rendre transportable en lui créant des supports mobiles.

Telle fut l'origine du candélabre presque aussi ancien que la lampe même.

III

CULTE. — SUPERSTITIONS

Mais si les anciens varièrent presque à l'infini la forme et l'ornementation de ces lampes et de ces candélabres, ils n'allèrent pas au delà comme systèmes d'appareils.

L'art intervint dans la forme extérieure, mais nul inventeur ne se préoccupa de chercher le moyen d'améliorer le mode de combustion, d'augmenter la quantité ou la qualité de la lumière.

En revanche, le feu, suivi de la lumière et de la chaleur, eut rapidement ses adeptes, ses adorateurs.

« Chez les peuples de la noble race aryenne, mère des progrès, l'usage d'obtenir du feu par le frottement de deux morceaux de bois l'un contre l'autre fut de bonne heure considéré comme trop grossier.

« Un instrument fut inventé qui consistait en un disque de bois, percé d'un trou à son milieu dans lequel un bâton était placé de manière à pouvoir y être tourné aisément avec la plus grande rapidité et à produire ainsi une flamme. Ce fut le premier briquet et les Indiens n'en ont pas encore d'autres.

« Le nom qu'on lui donna était formé de deux mots : l'un *mathna*, dérivé du védique *mathnanu* (produire dehors au moyen du frottement) désignait le bâton tournant ; l'autre *pra*, placé devant, signifiait l'action d'arracher, de ravir pour communiquer aux hommes.

« Par un procédé familier à cette race, l'instrument devint bientôt un être personnel et, en se personnifiant, transforma ou plutôt allongea légèrement son nom, qui ne fut plus *pramathna*, mais *pramathyus :* ce mot sanscrit, si semblable au mot grec *prometheus*, vous dit le reste : le demi-dieu qui déroba le feu céleste, Prométhée, n'est qu'un briquet (1). »

Et non seulement la religion et la légende s'emparèrent du feu, mais les hommes, toujours avides de surnaturel, demandèrent et voulurent, selon le dire de Plutarque, voir dans la flamme un être animé. Dès lors, on ne doit pas s'étonner des pronostics tirés de son inspection. « C'est signe de pluie si le lumignon forme, en brûlant, un amas charbonneux autour de la mèche, surtout si, en même temps, la lumière pétille. Quand la flamme est pâle et fait entendre un sourd murmure, c'est l'annonce indubitable d'un orage. C'est signe de vent, si la flamme vole en tournoyant, si la lampe s'éteint d'elle-même en pétillant, ou s'allume avec peine. Il en est encore de même lorsqu'on y voit un amas de points étincelants qui tiennent les uns aux autres... Tout cela se dit de nos jours et se dit depuis bien

(1) Édouard Foürnier, *Le vieux neuf.*

longtemps ; rien de plus innocent », si toutefois, en matière de préjugés et de superstitions, quelque chose peut être innocent ou même indifférent.

« Les ouvrages des anciens abondent en faits qui démontrent combien la crédulité était facile à l'endroit des pronostics tirés de la lumière. On se souvient de cette flamme qui rayonnait sur la tête de la jeune Iule et qui, aux yeux d'Anchise, était la promesse d'une postérité glorieuse. » L'auréole lumineuse qui enveloppa la tête de Servius-Tullius enfant et celle qui illumina le front de Séleucus furent interprétées de la même manière. Octavius, père d'Auguste, offrait un sacrifice à Bacchus, dans un temple de la Thrace, lorsque de l'autel sur lequel il vient de verser du vin s'élève une flamme immense qui dépasse les combles du temple ; on lui assure que ce même phénomène s'est produit, sur le même autel, pendant un sacrifice offert par Alexandre le Grand, et pendant la nuit suivante, un songe brillant lui montre les grandeurs futures de son fils. En fallait-il davantage pour donner à celui-ci l'espoir de la plus haute fortune ?

« D'après la forme, la couleur, les mouvements de la flamme d'une lampe, certaines gens prétendaient deviner toutes choses, ce qui faisait dire plaisamment à Apulée que ces sortes de lampes devenaient de véritables sibylles qui, du haut de leur support comme d'un trépied prophétique, examinaient le soleil et annonçaient tout ce qui se passait dans le ciel.

« Mais là ne se bornait pas l'art des devins et surtout celui des magiciens. Nous n'en finirions pas

si nous voulions raconter toutes les chimères que
ces derniers surent tirer de l'éclairage pour se jouer
de la multitude et exploiter à leur profit la crédulité de leurs dupes, ainsi que les bizarres extrava-
gances dont l'interprétation mystérieuse de la lumière fut pour eux l'occasion.

« La LAMPADOMANCIE OU PYROMANCIE (*ignis picium*)
n'était évidemment pour ceux qui s'occupaient de
magie qu'un moyen extérieur de séduction ; toutefois nous y trouvons constamment l'idée que le mys-
ticisme païen attachait à la flamme et dont nous
avons recueilli l'écho dans Plutarque.

« Au dire d'Aristophane, l'odeur des flambeaux
sacrés passait pour avoir quelque chose de divin ;
et le feu, dans l'esprit de la science vraie ou sup-
posée des magiciens, devenait l'âme du monde.
Après leur avoir adressé leurs adorations, ils l'in-
voquaient dans leurs enchantements.

« Cet enthousiasme, cette vénération à propos de
la lumière, même artificielle, explique l'effroi dans
lequel l'arrivée d'une éclipse jetait les anciens et
notamment la population romaine, ainsi que les
pronostics affreux et terribles qu'en déduisaient la
superstition.

« Il en était de ces pronostics comme de ceux
tirés de la lampe, car pour les anciens, les astres
étaient de la même nature que les feux que nous
allumons, et obéissaient aux mêmes lois.

« Qu'on se figure donc tout un peuple accourant
au milieu des ténèbres et s'agitant inquiet dans les
rues, sur les places publiques avec des lanternes
et des torches à la main.

« Si commencèrent a donc les Romains, dit Plu-
« tarque à propos d'une éclipse de lune, à faire
« bruire des bassins et autres vaisseaux de cuivre,
« comme est leur façon de faire en tels accidents,
« cuidant par ce son là rappeler et faire revenir la
« lumière, en haussant quant et quant vers le ciel
« force flambeaux ardents et force tisons de feu. »

« Leur but, en élevant ces feux vers le disque
voilé de la lune, n'est pas seulement de purifier l'air
et de délivrer la nuit des prétendus enchantements
qui ont obscurci son flambeau ; ils ont encore la
prétention de ranimer ses clartés assoupies et de lui
communiquer une vie nouvelle, au moyen des lumières qu'ils lui présentent et qu'ils croient venir
de la même source divine. »

IV

PREMIERS ESSAIS D'ÉCLAIRAGE PUBLIC

De l'éclairage privé au moyen âge, et même dans les temps qui ont suivi jusque vers la fin du xviiie siècle, nous n'avons rien à dire, sinon que les systèmes et les appareils que nous avaient transmis les anciens, se conservèrent sans améliorations sensibles dans le luminaire et avec moins de recherche, moins de luxe dans la forme, sauf cependant en ce qui concerne les églises où, on le sait, le sentiment et le goût du beau, chassés, par la rudesse des mœurs, des demeures particulières de cette époque, avaient trouvé un refuge.

Là, s'amassaient, dans le genre qui nous occupe, des œuvres d'art magnifiques ; chandeliers d'argent ciselé ou de bois merveilleusement sculpté, lampes d'un travail admirable où étaient enchassées, dans les métaux les plus précieux, des pierreries d'une valeur inestimable.

Là, brûlait l'huile parfumée, la cire imprégnée d'encens et de précieux aromes venus de l'Orient.

Mais si l'éclairage privé demeurait stationnaire, si le peuple continuait à se contenter de l'humble résine et de la lampe fumeuse ; si le riche lui-même faisait consister le luxe à brûler de grossières chandelles que le pauvre de nos jours dédaignerait, un progrès cependant, progrès sensible et important, prenait naissance. Nous voulons parler des clartés qui brillaient dans les rues des grandes cités ; « c'étaient fanaux allumés au sommet des tours des abbayes, lampes votives entretenues par les confréries, les corporations ou même par la dévotion de simples habitants, aux pieds des madones, à l'angle des rues. Ce luminaire fît comprendre, par les services qu'il rendait aux habitants paisibles et l'empêchement qu'il apportait aux mauvais desseins des rôdeurs de nuit, l'utilité d'un éclairage public.

« La première mesure, prise en ce sens, fut une ordonnance enjoignant à toute personne obligée de quitter son logis après la tombée de la nuit, de se munir de falots à parois de corne transparente ou tout au moins de chandelles entourées de papier.

« Cette ordonnance donna l'idée à un prêtre de Paris, l'abbé Laudati, d'organiser un service de porte-lanternes et de porte-falots, qui, de telle heure à telle heure, parcouraient les rues. L'abbé Laudati obtint, en 1662, le privilège de ce service pour cinq années.

« Le premier soin de M. de la Reynie, se mettant en possession de la charge toute nouvelle de lieutenant-général de la police, juste au moment où venait d'expirer la concession accordée à l'abbé Laudati, fut de généraliser, et de transformer, en service public, ce système d'éclairage.

« Cette innovation fut considérée comme si heureuse et si utile que, pour en consacrer le souvenir, une médaille *securitas et nitor* fut frappée.

« Les nouvelles lanternes firent tout d'abord fortune ; sitôt que la sonnette du veilleur en avait donné le signal, les bourgeois prenaient un badaud plaisir à voir lâcher la corde de la lourde machine, puis à la regarder qui remontait, peu d'instants après, toute éclairée d'une grosse chandelle et faisant briller sur ses parois l'image d'un coq, symbole de la vigilance.

«... L'enthousiasme des étrangers alla plus loin encore que celui des gens de Paris ; ce fut une extase à laquelle nous autres, blasés de l'éclairage presque solaire de nos rues, nous ne pouvons croire ou que nous sommes tentés de trouver ridicule.

« Ecoutez par exemple, l'auteur de la *lettre italienne* sur Paris, insérée dans la *Saint-Evremoniana* :

« L'invention dit-il, d'éclairer Paris pendant la nuit par une infinité de lumières, mérite que les peuples les plus éloignés viennent voir ce que les Grecs et les Romains n'ont jamais pensé pour la police de leurs républiques. Les lumières, renfermées dans les fanaux de verre suspendus en l'air et à une égale distance, sont dans un ordre admirable et éclairent toute la nuit ; ce spectacle est si beau et si bien entendu qu'Archimède même, s'il vivait encore, ne pourrait rien ajouter de plus agréable et de plus utile ! »

Lister, dans la relation de son voyage, fait en 1698, ne le cède pas pour l'admiration à l'enthousiasme italien, seulement il raisonne mieux la sienne ; il la justifie par des détails très précis et qui rendent même tout à fait curieux ce qu'il dit des fameuses lanternes. « Les rues, sont éclairées tout l'hiver et même en pleine lune..., les lanternes sont suspendues au milieu de la rue à une hauteur de vingt pieds et à vingt pas de distance l'une de l'autre. Le luminaire est enfermé dans une cage de verre de deux pieds de haut, couverte d'une plaque de fer ; et la corde qui les soutient glisse de sa poulie dans une coulisse scellée dans le mur. Ces lanternes ont des chandelles de quatre à la livre qui durent encore après minuit. Ce mode d'éclairage coûte, dit-on, pour six mois seulement, qu'il est mis en usage chaque année, 50,000 livres sterling (1,250,000 francs). Le bris des lanternes publiques entraine la peine des galères. J'ai su que trois jeunes gentilshommes, appartenant à de grandes familles, avaient été arrêtés pour ce délit et n'avaient pu être relâchés, après une détention de plusieurs mois, que grâce aux protecteurs qu'ils avaient à la cour... »

« Il n'y avait qu'un Anglais, voyageur à la minutieuse et infatigable curiosité, pour nous transmettre ces menus détails. Nous aurions vainement feuilleté pour les trouver tous les auteurs contemporains qui vivaient alors à Paris (1). »

L'éclairage public est créé ; il se répand de Paris en province et de la France à l'étranger, nous ne le suivrons pas dans ses transformations ou plutôt dans ses diverses modifications ; qu'on appelle lan-

______

(1) Édouard Fournier.

terne ou réverbère l'appareil contenant la lumière ;
que cette lumière soit alimentée par le suif de la
chandelle primitive ou par l'huile qui lui succèdera
un peu plus tard ; que la ville soit éclairée pendant
six, neuf ou douze mois et, enfin, que cet éclairage
impose aux caisses publiques une charge plus ou
moins considérable, ce sont là des détails qui ne
peuvent intéresser que très médiocrement nos lecteurs.

« Aussi bien, toutes les améliorations, toutes les
réformes n'avaient-elles jusqu'à notre époque, que
très peu modifié l'éclairage public, tel que Lister
nous le montre à sa création. Pour l'amener à produire une clarté qui permette aux piétons d'aller dans
les rues tout à fait sans lanternes et aux équipages
de circuler tout à fait sans flambeaux, dussent en
mourir de regret les vieilles marquises à qui l'éti-
quette en permettait deux, il faut arriver à l'invention du gaz, l'astre rayonnant des villes modernes. »

Encore, et si vite marchent la science et le progrès à notre siècle, que vingt ans après cette glori-
fication du gaz, nous arriverons peut-être bientôt
à voir pâlir « ses rayons » devant ceux de l'éclairage
électrique dont la clarté radieuse semble devoir
être le dernier mot de la science à l'endroit de la
lumière artificielle.

I

PHILIPPE LEBON
(1767-1804)

L'éclairage par le gaz hydrogène carburé est une des plus belles découvertes de notre âge. Elle a donné un nouvel aspect à nos villes et elle contribue à leur sécurité ; elle ajoute à l'éclat de nos fêtes, de nos théâtres, de nos magasins et, en améliorant singulièrement le bien-être de la vie privée, en facilitant le travail des soirées, elle a rendu d'importants services à l'humanité, tant sous le rapport de l'hygiène que sous celui de l'économie domestique ; enfin elle est devenue, pour des compagnies puissantes, le principe d'immenses bénéfices.

Encore ne sont-ce pas là les seuls bienfaits dont on doive lui tenir compte. Appliqué au chauffage, et en dehors même du combustible, que sous le nom de coke, les usines à gaz répandent chaque année par millions d'hectolitres dans le commerce, le gaz offre comme moyen de chauffage des ressources précieuses. Il simplifie singulièrement pour les personnes auxquelles leurs occupations ne laissent que peu de temps à consacrer aux soins du ménage, la préparation des aliments. L'installation des appareils nécessaires à cette appropriation, essentiellement économique, demande peu de place et supprime ces provisions de combustible qui, dans les grandes villes, exigent un emplacement dont on ne peut disposer sans apporter dans son intérieur de la confusion, du désordre, de la poussière, et, lorsque les cuisines ne sont pas bien aménagées et suffisamment aérées, une fumée malsaine, des émanations délétères qui peu à peu détruisent la santé.

Le gaz, au contraire, brûle sans odeur, sans fumée; il ne laisse sur les ustensiles soumis à son contact ni suie, ni altération d'aucune espèce; il s'allume et s'éteint instantanément; on en modère, ou plutôt on en règle la flamme à volonté; en un mot ou trouve en lui le plus docile des serviteurs.

N'est-on pas en droit de se demander comment il peut se faire que l'inventeur d'un agent aussi utile, au multiple point de vue de la science, de l'industrie et de l'économie domestique, non seulement soit mort pauvre, mais que la gloire de son invention ait été presque ravie à sa famille et à son pays.

Un neveu de Philippe Lebon, M. Gaudry, ancien bâtonnier de l'ordre des avocats, à la cour impériale de Paris, témoin, dans son enfance, des travaux du savant inventeur et dépositaire des papiers de la famille, pensant avec raison qu'il serait utile pour la science, et d'un grand intérêt pour les lecteurs de faire connaître avec précision l'inventeur et l'historique de son invention, a publié, à ce sujet, en 1856, une notice que nous allons reproduire presque in-extenso.

Dans le cours du siècle dernier, on avait découvert, dit-il, la propriété inflammable du gaz hydrogène, que Cavendish nomma, en 1774, gaz inflammable ; mais on n'avait pas eu la pensée d'utiliser le gaz qui se développait par la distillation des matières combustibles de manière à obtenir de l'hydrogène carburé assez purifié pour l'employer à l'éclairage, en même temps que l'on recueillerait le goudron et les acides qui se forment pendant l'opération.

En l'an VII, un ingénieur des ponts et chaussées de Paris, habile chimiste, se livra à l'étude du gaz produit par la combustion du bois.

Cet ingénieur était Philippe Lebon, connu dans sa famille et dans le monde sous le nom de Lebon d'Humbersin.

Né à Brachay, près de Joinville (Haute-Marne), le 29 mai 1767, il était fils de Jean-François Lebon, riche habitant de ce petit village, ancien officier de la maison de Louis XV.

Il n'eut pas d'autre maître, dans ses premières études, que le modeste instituteur de son village et cependant, envoyé à Paris pour compléter son éducation, il obtint les plus éclatants succès, au milieu de condisciples formés dès leur enfance par des maîtres habiles.

Bientôt il effaça tous ses rivaux. Il avait à peine vingt-cinq ans lorsqu'il fut nommé ingénieur des ponts et chaussées, d'abord à Angoulême et ensuite à Paris, où il professa la mécanique à l'École des ponts et chaussées.

Il demeurait à Paris, lorsque vers l'âge de trente ans, il commença ses essais sur les gaz provenant de la combustion du bois.

L'invention eut lieu à Brachay, chez son père, dans des conditions qui méritent d'être connues.

Pendant un séjour à la campagne, Philippe Lebon, occupé à chercher les propriétés de la fumée, imagina un jour de remplir de sciure de bois une fiole de verre et de la placer sur des charbons afin d'étudier la fumée qui se dégagerait par l'orifice de la fiole. Il vit tout à coup cette fumée s'enflammer et jeter une grande et vive lumière.

Ce phénomène, il est vrai, n'était pas ignoré des savants, mais on ne l'avait pas suivi dans ses diverses phases et surtout on ne s'était pas occupé de purifier ce gaz inflammable. La fumée dégagée immédiatement des substances combustibles laisse échapper des vapeurs noires et une odeur due à la présence de substances huileuses et de l'acide pyroligneux : il fallait la débarrasser de ces parties hétérogènes.

Lebon eut la pensée de faire passer le tuyau de dégagement dans un vase rempli d'eau froide. L'eau ayant condensé les matières acides et bitumineuses, l'hydrogène carburé se dégagea plus pur et devint utilisable.

Ces procédés sont aujourd'hui si vulgaires que l'on ose à peine les signaler comme une découverte ; il en a été de même des plus grandes inventions. Les sciences ont marché, pendant des siècles, à côté des phénomènes qui semblaient se révéler d'eux-mêmes et cependant il a fallu le coup d'œil d'un esprit observateur pour saisir et rapprocher des aperçus jusqu'alors négligés.

Il en fut ainsi pour l'objet qui nous occupe. Dès ses premiers essais, Philippe Lebon entrevit dans une même opération la carbonisation complète de tous les corps combustibles, la production de l'acide pyroligneux, du goudron et celle de la flamme qui pouvait servir aux usages de la vie, en chauffant et en éclairant.

C'était tout une révolution dans l'industrie, aussi l'esprit de l'inventeur s'exaltait-il jusqu'à l'enthousiasme et l'on se rappelle encore dans le village où se fit l'invention, du délire de sa joie.

« — Mes amis, disait-il aux paysans, je vous chaufferai et je vous éclairerai de Paris à Brachay! »

Et les bonnes gens haussaient les épaules en disant : « Il est fou. »

Cette folie était tout simplement du génie.

Philippe continua à la campagne ses expériences et les agrandit. Dans la cour de la maison paternelle il bâtit un petit appareil en briques. Il le remplissait de bois et après l'avoir fermé hermétiquement, en laissant un tuyau pour la fumée, il dirigeait ce tuyau dans une cuve remplie d'eau, où il s'élargissait de manière à former un large tuyau condensateur. On allumait le feu sous l'appareil ; le bois placé dans l'intérieur se carbonisait parfaitement ; la fumée parvenue à la partie plongée dans la cuve d'eau se purifiait en abandonnant le goudron et l'acide pyroligneux ; le gaz dégagé à la sortie du condensateur donnait une lumière assez vive et assez pure pour faire espérer un succès complet après de nouveaux lavages et de nouveaux essais.

Lebon revint à Paris et communiqua ses idées à Fourcroy qui l'engagea à persévérer dans ses études. Ses premiers grands travaux furent exécutés dans sa demeure, rue et île Saint-Louis, en face de l'hôtel de Bretonvilliers ; c'est là qu'il recevait les visites et les conseils de Fourcroy, de Prony et d'autres savants de cette époque.

Il fit d'énormes dépenses pour perfectionner son invention et, en l'an VII, il se trouva assez avancé pour lire à l'Institut un mémoire qui a été conservé.

L'année suivante il demanda un brevet d'invention qui lui fut accordé et qui porte pour désignation : « *Nouveaux moyens d'employer les combustibles plus utilement, soit pour la chaleur, soit pour la lumière, et d'en recueillir les différents produits.* »

Dans la description qui accompagne ce brevet (1) l'inventeur fait connaître qu'on obtient « du gaz « hydrogène dans un état de pureté plus ou moins « grand suivant les moyens employés pour le pu- « rifier des acides, de l'huile et divers produits « analogues aux combustibles qui se réduisent en « charbon ».

Quelques mois après (2) l'infatigable inventeur était en mesure de proposer à l'examen du gouvernement des appareils qui avaient pour résultat de chauffer plus économiquement et d'éclairer en même temps plusieurs appartements à quelque dis-

(1) *Recueil des brevets d'invention,* t. V, p. 121.
)Le 30 messidor an VIII.

tance qu'ils soient l'un de l'autre et de recueillir plus des trois quarts du combustible.

L'île Saint-Louis n'étant plus un point assez central, et l'appartement qu'il y occupait un local assez vaste, pour l'importance que ses expériences allaient prendre, Lebon transporta ses appareils à l'hôtel Seignelay, rue Saint-Dominique-Saint-Germain, près de la rue de Bourgogne et leur donna le nom de *thermolampes* (1).

Sur ce nouveau théâtre de ses essais, il ne se borne pas à établir des ateliers pour la construction de ses appareils ; il distribue la lumière et la chaleur dans de grands appartements, dans de vastes cours et sous les ombrages d'un magnifique jardin qu'il décore de milliers de jets de lumière disposés en forme de gerbes, de rosaces et de fleurs.

En juillet 1800, par un mémoire qui est un chef-d'œuvre de science et de style, il invite le public à visiter ces merveilles ; tout Paris accourt et le triomphe de l'inventeur, le succès de l'invention semblent ne rien devoir laisser à désirer (2).

(1) Qui chauffent et qui éclairent.

(2) L'Athénée des arts lui décerne en séance publique un témoignage d'estime ; des ingénieurs du plus haut mérite lui adressent leurs félicitations et, un rapport fait au ministre de la marine par le général Saint-Haouen affirme que *les résultats avantageux qu'ont donnés les expériences du thermolampe du citoyen Lebon ont comblé, et même surpassé les espérances des amis des sciences et des arts.*

II

On doit reconnaître cependant que le nouvel éclairage était loin d'avoir obtenu la perfection à laquelle il est arrivé depuis. La flamme conservait encore une odeur empyreumatique qui la rendait peu propre à un éclairage d'intérieur, et la lumière était loin d'avoir le brillant que nous admirons.

Mais les perfectionnements arrivaient ; de plus les divers produits de la carbonisation donnaient des avantages suffisants pour assurer le succès de la découverte, abstraction faite du gaz inflammable.

Pour justifier cette dernière partie de son programme, Philippe Lebon sollicita l'adjudication d'une portion de pins de la forêt de Rouvray, près du Havre. Il l'obtint à condition de fabriquer cinq quintaux de goudron par jour.

Il prit immédiatement possession de la concession, et, à défaut de Français pouvant ou voulant risquer des capitaux dans cette entreprise, il dut s'associer des Anglais que la paix d'Amiens avait attirés au Havre, mais que la reprise des hostilités allait bientôt en chasser.

Les appareils, uniquement destinés à la distillation du bois, avaient été établis sur les lieux, dans de très vastes dimensions et ils livraient à la marine des quantités notables de goudron ; ils furent visités à

deux reprises par les princes russes Galitzin et
Dolgoroki qui, après leur seconde visite, proposèrent à l'inventeur, au nom de leur souverain, de
transporter en Russie son invention et ses procédés,
le laissant maître de fixer ses conditions.

C'était pour Philippe Lebon un véritable coup de
fortune; mais son patriotisme lui fit repousser ces
offres brillantes.

Il répondit que sa découverte appartenait à son
pays qui seul devait profiter du fruit de ses la-
beurs.

Il ne devait pas être donné à cet homme de bien,
à ce savant distingué, à ce travailleur infatigable,
de recueillir le prix de ses travaux.

Installé au Havre, près de Rouvray, avec sa femme
et son fils, il partageait son temps et ses soins entre
les affections de famille et les soucis, les travaux de
l'invention, lorsqu'un ordre ministériel l'appela à
Paris pour y assister, comme faisant partie du corps
des ponts et chaussées, aux cérémonies du sacre.

Il y alla seul et y fut accueilli par tous ceux qui
le connaissaient, par ceux qui s'intéressaient à lui ou
à son œuvre, avec des éloges qui l'enchantèrent. Les
plus hauts, les plus puissants encouragements lui
furent donnés et il avait hâte d'aller partager ses
espérances et sa joie avec ceux qu'il aimait du plus
tendre amour, lorsqu'une mort violente vint l'enlever
à la science, à sa famille et à ses amis, le 2 décembre 1804, le jour même du couronnement de Napoléon.

Des bruits affreux circulèrent sur cet événement.
On raconta qu'il avait été frappé de plusieurs coups

de couteau aux Champs-Élysées et qu'on l'avait rapporté chez lui ensanglanté et mourant.

Ce qui est certain, c'est qu'il expira avant que sa famille pût être appelée du Havre et que jamais on n'a pu connaître, ni la cause, ni les auteurs de sa mort ; on n'a pu établir davantage si cette mort avait été accidentelle ou si un crime l'avait préparée et amenée.

Philippe Lebon avait trente-six ans et après d'immenses travaux et des sacrifices non moins immenses, eu égard à sa situation de fortune, il touchait au moment de prendre, dans la science et l'industrie, le rang éminent qu'il avait si noblement conquis.

C'était un homme d'un rare mérite, laborieux et dont la facilité était extrême. Doué d'une mémoire prodigieuse, il s'exprimait avec une éloquence persuasive et une clarté d'élocution qui, déjà à cette époque et avant qu'on s'occupât comme on le fait avec tant de succès à notre temps, de mettre la science à la portée de tout le monde, en faisaient un vulgarisateur heureux des lois et des vérités scientifiques qu'il cherchait à populariser ; son physique le rendait d'ailleurs parfaitement persuasif et sympathique. Un front élevé qui annonçait le génie, des yeux bleus et des cheveux blonds qui donnaient à sa physionomie un singulier mélange de vivacité et de douceur, appelaient tout d'abord l'attention de ses auditeurs qu'achevaient d'intéresser un visage régulier, un peu pâle et légèrement marqué de petite vérole, une taille un peu au-dessus de la moyenne, robuste et bien prise, mais légèrement courbée par le travail de cabinet et l'habitude de la méditation.

Un caractère ardent, généreux, confiant, le rendait trop souvent victime des spéculateurs qui abusaient de sa facilité et du peu de place que tenaient, dans ses illusions de gloire et de science, les calculs de fortune et d'avenir. Sa famille qui l'adorait lui reprochait cependant, à l'endroit des découvertes, un enthousiasme qui allait jusqu'à compromettre son bien-être matériel.

Il laissait une veuve et un fils encore enfant, depuis élève de l'École polytechnique et qui est mort officier supérieur d'artillerie, père de deux filles.

Un de ses frères, Lebon d'Embrout, avait péri au siège de Lyon, aide de camp du général Precy. Un autre, resté au pays natal, avait eu des enfants qui existent encore; deux autres de ses sœurs s'étaient honorablement mariées (1).

III

La veuve de Philippe Lebon restait avec un fils mineur, et sans aucune fortune, son patrimoine, comme celui de son mari, ayant été englouti par les

(1) M. Gaudry, à qui nous empruntons cette notice, était fils d'une de ces deux sœurs.

six années d'essais et d'expériences qui avaient précédé l'entreprise faite à Rouvray.

Cette entreprise, il est vrai, avait donné déjà d'assez beaux résultats, mais les bénéfices étaient entre les mains d'un associé infidèle, qui en frustra la veuve et l'orphelin. L'exploitation dut être abandonnée et la famille resta sans ressources, exposée aux poursuites du domaine pour une somme de huit mille francs, due sur le prix de la concession.

Mme Lebon s'arma de courage : elle chercha à conserver les travaux de son infortuné mari. Elle reçut du ministre de la marine, à la date du 16 messidor an XIII, une lettre qui lui annonçait l'intention *de faire établir un thermolampe aux frais du gouvernement dans le cas où la dépense serait reconnue peu considérable, pour favoriser, dans l'intérêt public, une invention qui commençait à se répandre.* Ces offres restèrent sans résultats et le sort de la découverte pouvait être compromis, ou du moins compromis pour la France.

Mais Mme Lebon, dont l'intelligence égalait l'énergie, se mit elle-même à l'œuvre, aidée de quelques personnes sur la fidélité desquelles elle croyait pouvoir compter.

En 1810, six ans après la mort de son mari, elle loua, rue de Berry, n° 11, une maison avec cour et jardin, et y établit un thermolampe aussi semblable qu'il lui fut possible à celui que Philippe Lebon avait établi dix ans auparavant rue Saint-Dominique-Saint-Germain, et, comme lui encore, elle appela le public à admirer les merveilles de l'éclairage et du chauffage par le gaz.

Le succès le plus complet répondit à cet appel, et les plus honorables approbations vinrent encourager l'heureuse continuatrice des travaux et de l'œuvre du savant chimiste.

Le 1er février 1811 le *Courrier de l'Europe* rapportait que *le 22 du mois précédent, le prince Repnin, accompagné de plusieurs personnes de la plus haute condition, avait honoré de sa présence, pour la troisième fois, les travaux de* Mme *Lebon sur l'éclairage au moyen du gaz hydrogène, porté par cette dame au plus haut point de perfection. Son Altesse ayant témoigné ensuite le désir d'une épreuve de simple carbonisation,* Mme *Lebon l'a entièrement satisfait.*

Sur ces entrefaites, la Société d'encouragement ayant annoncé qu'elle proposait *un prix de* 1,200 *francs pour des expériences, faites en grand, sur les divers produits de la distillation du bois,* Mme Lebon s'empressa d'envoyer un remarquable mémoire sur la distillation du bois et des houilles d'après les procédés de son mari, tout en réservant les principaux avantages de l'éclairage et du chauffage.

Le rapport de M. Darcet, chargé d'examiner ce mémoire, est une trop éloquente constatation des services rendus par Philippe Lebon à l'industrie et à la science, pour que nous n'en reproduisions pas, tout au moins, la partie se rapportant à notre sujet.

« Le conseil, dit-il, a entre les mains une foule de pièces qui prouvent bien authentiquement l'application en grand du thermolampe de M. Lebon.

Nous savons : 1° avec quel succès les Anglais ont appliqué chez eux l'heureuse idée qu'a eue M. Lebon de faire servir le gaz hydrogène qui se dégage pendant la conversion du charbon de terre en coke. Ce procédé économique est appliqué dans un grand nombre de fabriques anglaises, et il paraît même que l'on commence à en faire usage pour éclairer les rues de Londres et pour l'éclairage des phares et fanaux. IL EST DONC HORS DE DOUTE QUE M. LEBON EST L'INVENTEUR DE CES NOUVEAUX PROCÉDÉS ; 2° que les mêmes procédés sont aujourd'hui portés, en Angleterre, au plus haut point de perfection et que, sous ce rapport, il ne reste rien à chercher ; 3° qu'il ne faut plus en France que les appliquer en grand pour en retirer les mêmes bénéfices que les Anglais en retirent. »

C'est ainsi que le savant membre de l'Institut, après avoir examiné, à propos du prix proposé pour la distillation du bois, tout ce qui se rattachait à cette invention, n'hésitait pas à constater les titres de Philippe Lebon comme inventeur de l'éclairage au gaz.

A son tour, le baron Gérando, dans le compte rendu de la séance (1) où le prix fut décerné à Mme Lebon, s'exprime ainsi :

« La carbonisation du bois au moyen de la distillation en vaisseaux clos, et l'idée ingénieuse d'appliquer à l'éclairage le gaz hydrogène carboné qui se dégage avec abondance pendant cette opération, ont eu, l'une et l'autre, leur origine en

____

(1) 4 septembre 1811.

France, et c'est *un fait qu'il importe de rappeler,
de consacrer même en quelque sorte,* aujourd'hui
que cette découverte a reçu chez les nations étrangères un développement remarquable. Les thermolampes de M. Lebon excitèrent à Paris la curiosité
publique. Vous avez voulu rappeler l'attention et
les recherches sur les résultats que l'on peut attendre de la distillation du bois, et si vous vous fé-
licitez de voir que le prix que vous avez proposé
est obtenu, vous ne jouirez pas moins de penser
que ce prix est obtenu précisément par la veuve
du premier inventeur, qui, malheureusement, ne
survécut pas à sa découverte. Ainsi, en honorant la
mémoire d'un savant qui n'est plus, VOUS RÉTABLISSEZ
LE GÉNIE DE L'INDUSTRIE FRANÇAISE EN POSSESSION D'UNE
DÉCOUVERTE QU'ON SEMBLAIT VOULOIR LUI DISPUTER. »

Cet hommage rendu aux travaux de Philippe
Lebon et au développement donné à ces travaux
par sa pieuse veuve, en attirant l'attention du gouvernement, valut à cette dernière une pension via-
gère de 1,200 francs.

Mme Lebon ne jouit pas longtemps de cet acte
de justice ; comme son mari, elle avait été exploitée et trompée par ceux qui lui avaient offert leurs
dangereux services. Obligée d'abandonner des travaux qui lui étaient chers à tant de titres ; désespé-
rée du silence et de l'oubli qui, malgré la sanction
que leur avait donné la Société d'encouragement,
se faisait déjà auteur du nom et de l'œuvre de
Philippe Lebon, elle succomba, en 1813, aux fa-
tigues· et aux déceptions de la lutte qu'elle avait
engagée.

IV

On a vu, par les rapports de MM. Darcet et de Gérando, que l'invention de Philippe Lebon avait été portée en Angleterre ; voici ce qui s'était passé :

Après la mort de Philippe Lebon, l'usurpation de sa découverte fut inutilement tentée en France, attendu que son brevet de 1799, obtenu pour quinze ans, protégeait ses héritiers jusqu'en 1814, mais la même sauvegarde n'existait pas pour l'Angleterre.

Les spoliateurs n'hésitèrent pas à aller s'y établir et, avouons-le, l'industrie anglaise ne tarda pas à améliorer les procédés.

C'était bien toujours l'invention de la distillation des matières combustibles, en particulier du bois et de la houille, en vase clos ; la décomposition de la fumée ; la précipitation des matières grasses et terreuses ; enfin l'emploi du gaz à l'éclairage et au chauffage ; en un mot, c'était bien l'invention de Philippe Lebon, dont les procédés avaient été conduits à un certain point de perfection que le temps et l'expérience devaient nécessairement amener.

Lorsqu'en 1814, les quinze années du brevet expirèrent, la veuve de Philippe Lebon venait de mourir et son fils, encore mineur, sortait de l'École polytechnique. La France était rouverte aux étrangers et un Allemand qui s'étant emparé du procédé Lebon (introduit en Angleterre par Murdoch), en appelant par tous les moyens l'attention sur ce procédé, dont il se disait l'inventeur, avait fondé successivement plusieurs sociétés, lesquelles au point de vue financier avaient toutes eu de fatales conséquences, imagina de réimporter en France l'invention du gaz hydrogène comme d'origine anglaise et de se faire délivrer, en 1815, un brevet d'importation.

Le fils de M. Lebon, entré dans le corps de l'artillerie, était alors en garnison à Toulouse, et rien ne l'avait averti de cette usurpation lorsque éclata un procès entre l'importateur nommé Windsor et les compagnies Mamby et Wilson qui exploitaient l'éclairage par le gaz hydrogène, comme une invention tombée dans le domaine public.

Une note insérée au *Journal des Débats*, le 18 juin 1823, fit connaître le nom du véritable inventeur. Une assez longue polémique, dans laquelle tout l'avantage resta à Philippe Lebon, s'ensuivit, ce qui n'empêcha pas l'opinion publique de maintenir, comme invention anglaise, la découverte du savant ingénieur français.

Ce fait semblait si bien établi, qu'un journal ordinairement des mieux renseignés, et des plus empressés à rendre hommage à tout ce qui touche à l'industrie et au génie de la France, le *Temps*, insérait, en février 1838, un article assurant que les *premiers essais* faits par Philippe Lebon n'avaient pas été assez concluants pour lui donner droit au titre de véritable inventeur de l'éclairage au gaz.

Le fils de Philippe Lebon vivait encore ; il envoya une réponse catégorique, accompagnée de preuves que le *Temps* s'empressa d'insérer en la faisant suivre de réflexions justes et concluantes sur le sort des hommes de génie qui dotent leur pays des plus belles inventions.

« Quelles réflexions amères, dit le journaliste,
« ne naissent pas à la lecture de la lettre de M. Le-
« bon fils..... Lebon, l'inventeur, n'a laissé à sa
« famille que son nom : c'est quelque chose sans
« doute que ce nom célèbre, et sa gloire peut suf-
« fire à ses enfants ; mais est-ce assez pour le
« pays ? nous ne le pensons pas... »

. . . .

. . . .

Ces protestations et ces preuves n'empêchèrent pas les amis de Windsor de faire graver sur son tombeau, quelque temps après, qu'il était l'inventeur de l'éclairage par le gaz hydrogène.

Cette épitaphe mensongère peut se lire encore aujourd'hui au cimetière du Père-Lachaise..., où Philippe Lebon n'a pas même un tombeau !

Telle est trop souvent la destinée des inventeurs et des hommes de génie : ils sacrifient à la science leur fortune, leur existence et l'avenir de leur famille, et lorsque le ciel leur a donné une de ces pensées fécondes qui enrichissent leur pays, on leur dispute jusqu'à leur gloire ; ils meurent dans l'indigence, et leurs enfants peuvent à peine ressaisir l'héritage d'honneur qu'ils ont laissé.

C'est ce qui est arrivé à Philippe Lebon. Sa for-

tune entière a disparu dans les essais faits pour
arriver à sa découverte ; le mystère de sa mort, à
trente-sept ans, n'a jamais été pénétré, et son fils,
élevé à un rang militaire honorable, est mort, laissant à ses deux filles une glorieuse pauvreté.

C'est un martyr de plus à compter parmi ceux
qui ont enrichi leur pays de leurs découvertes.

Du moins qu'il nous soit permis de revendiquer,
pour sa mémoire et pour sa famille, un stérile
honneur.

Notre pays même est intéressé à ne pas l'abandonner, « car si nous devons à la patrie notre intelligence et notre vie, la patrie est solidaire de la
gloire de ses enfants (1) ! »

V

Si, de la personnalité de Philippe Lebon et de la
revendication, à son profit, à laquelle nous nous
sommes fait un devoir de nous associer, nous arri-
vons à l'exécution pratique de sa précieuse et utile
découverte, nous devons reconnaître, ainsi d'ailleurs

(1) M. Gaudry.

3.

que nous l'avons déjà constaté, que c'est à l'Angleterre qu'en revient le mérite.

Après que Murdoch eut fait, en 1792, ses premières expériences à Londres, il fut appelé à établir un appareil dans les manufactures de James Watt, près de Birmingham, et, dès 1805, l'éclairage au gaz était définitivement adopté en Angleterre.

Ce fut onze ans plus tard que Windsor, libre enfin d'action par l'expiration du brevet de Philippe Lebon, vint à Paris constituer une société sur les bases de celles qu'il avait formées à Londres.

« En 1817 cette société éclairait le passage des Panoramas, le Palais-Royal, puis le Luxembourg et le pourtour de l'Odéon.

« En 1820 une nouvelle société fut créée à Paris par Pauwels et la Compagnie générale qui a le privilège de l'éclairage de la capitale est le résultat de la fusion des huit compagnies qui succédèrent à celle de Pauwels.

« Toutes les principales villes de France sont aujourd'hui éclairées au gaz, et le coke, produit de la fabrication de ce gaz, alimente dans les meilleures conditions de salubrité et d'économie que le chauffage ait encore atteint, un grand nombre de demeures privées et d'établissements publics. »

La Compagnie générale parisienne du gaz fait fabriquer, pour ce genre de chauffage, des appareils très ingénieux et admirablement construits sous le rapport de l'économie de combustible et du développement de la chaleur, soit comme fourneaux de cuisine, calorifères, grilles et foyers d'appartement, etc.

Un des avantages de la plupart de ces appareils
parmi lesquels il en est de très simples et très ac-
cessibles aux plus petites bourses, et d'autres de
prix plus élevés et d'une élégance vraiment artistique, est de se prêter non seulement à l'emploi du
coke pour lequel ils sont faits, et qui est à tous égards
plus avantageux et plus économique, mais dans
les localités où l'on ne peut se procurer du gaz, et
dans les cas où on viendrait à en manquer momen-
tanément de pouvoir brûler toute espèce de combustible, bois, houille, etc.

Construits en double tôle au lieu d'être coulés
en fonte comme les appareils à brûler le charbon
de terre, les fourneaux et les calorifères de la Société parisienne du gaz ne rougissent jamais extérieurement, leur emploi est ainsi moins dangereux
au point de vue de la communication du feu et, à
celui, non moins important, de l'excès de chaleur et
des émanations de la fonte surchauffée. Enfin, ils
ne courent le risque ni de se fendre, ni d'éclater.

Nous croyons rendre service aux familles et aux
personnes qui s'occupent d'économie domestique
et d'hygiène en leur signalant les avantages de ces
appareils que trop généralement on croit uniquement destinés à l'usage du coke, ce qui restreint
leur emploi aux seules localités où on se procure
aisément ce genre de combustible.

Mais ce n'est pas seulement par l'emploi du coke
et par la construction d'appareils économiques, résultat forcé de cet emploi, que l'invention de Philippe Lebon se rattache aussi bien au chauffage
qu'à l'éclairage.

Nous avons vu que le thermolampe de Lebon était à la fois un appareil de chauffage et d'éclairage. La première partie du but que se proposait l'inventeur fut d'abord écartée. Les avantages de cet éclairage brillant, égal, économique étaient si évidents qu'on ne songea même pas à demander, à l'agent nouveau qui en apportait le bienfait, de servir à un autre usage.

Le coke d'ailleurs ne constituait-il pas une assez heureuse révolution dans l'art jusque-là si limité du chauffage, dont le bois, en France du moins, fournissait alors à peu près le seul élément, pour qu'on ne songeât pas, non seulement à demander, mais même à désirer plus.

L'esprit pratique des Anglais et des Américains ne tarda pas cependant à chercher le moyen d'utiliser la chaleur intense de la flamme du gaz.

Des appareils spéciaux furent construits ; assez informes d'abord, mais, peu à peu améliorés, ces appareils sont arrivés à se prêter à tous les usages économiques.

Introduit beaucoup plus tard en France, ce mode de chauffage y a été accueilli avec faveur. Dans nos grandes villes, à Paris surtout, beaucoup de ménages s'en servent pour leur cuisine ; certaines industries, notamment celle du repassage du linge, tendent à l'adopter. Les facilités que la Compagnie du gaz offre aux propriétaires et aux locataires des maisons d'habitation déjà éclairées au gaz, pour la pose du système, ont singulièrement contribué à ce succès dont on doit se féliciter au point de vue multiple de l'économie de temps, de la simplicité d'aménagement et de la propreté intérieure des cuisines.

Une fois dans cette voie, l'industrie du gaz ne s'est pas arrêtée : les becs d'éclairage ont été, dans une certaine mesure, appropriés aux besoins de la vie domestique ; moyennant une disposition très simple, l'ouvrière peut chauffer ses aliments au gaz qui l'éclaire ; l'homme de cabinet, dont la veillée s'est prolongée, y faire, sans déranger personne dans sa famille et sans avoir à se déranger lui-même, bouillir l'eau de son thé ou de son café.

Il est singulièrement curieux et intéressant d'admirer, dans les magasins spéciaux, l'innombrable variété et l'ingéniosité pratique de ces mille appareils qui, en multipliant, presque à l'infini, l'adaptation aux besoins et au bien-être de la vie, du gaz d'éclairage inventé par Philippe Lebon, fait de celui-ci plus qu'une des gloires de la France, un des bienfaiteurs de l'humanité.

Nous ne saurions terminer cette biographie, sans mentionner une autre appropriation du gaz d'éclairage que bien certainement Philippe Lebon n'avait pas prévue ; appropriation faite par MM. Lenoir, Hugues et Otto aux machines motrices.

Ces machines, dites machines à gaz, qui n'essayeront jamais de rivaliser avec les machines à vapeur dans les moyens et les circonstances ordinaires, sont, en certaines occasions, d'une utilité incontestable ; c'est ainsi qu'elles permettent d'avoir dans un espace très restreint, dans une chambre par exemple, une force motrice qu'on met en action et qu'on arrête à volonté sans la surveillance d'un chauffeur, qu'exige toute machine à vapeur ordinaire.

VI

La distillation de la houille devait amener une série de découvertes, ou à plus exactement parler, de conquêtes au profit de la science et de l'industrie que Philippe Lebon n'avait pas plus pressenties que la précédente utilisation du gaz. C'est le parti vraiment merveilleux qu'on a tiré du goudron de houille en parvenant à en extraire des matières colorantes nouvelles, d'un usage économique facile et d'un éclat qui laisse bien loin en arrière celui des substances tinctoriales connues jusqu'à nos jours.

Ce produit auquel on a donné le nom d'aniline est un liquide d'une odeur spiritueuse et d'une saveur brûlante. Incolore à l'abri de l'air, elle brunit rapidement en présence de l'oxygène atmosphérique. Peu soluble dans l'eau, elle est très soluble dans l'alcool et l'éther...

« ... La propriété fondamentale de l'aniline, en ce qui touche l'industrie, c'est de donner naissance, sous l'influence de toute espèce de réactifs, et souvent des réactifs les plus opposés, à une innombrable variété de principes colorants de toutes nuances. L'aniline est comme un clavier merveilleux sur lequel le chimiste n'a qu'à promener les doigts pour en faire jaillir les plus surprenantes couleurs. C'est

assurément une des plus étonnantes conquêtes de
la science et de l'industrie contemporaines.

« ... La découverte des couleurs d'aniline a
marqué une période toute nouvelle dans l'histoire
de la teinture. Dans les temps anciens, au moyen
âge et jusqu'au dernier siècle, le règne végétal et
le règne animal avaient seuls contribué à fournir
les substances colorantes applicables aux tissus.
Les bois des îles pour les teintures en rouge et en
jaune, les diverses racines indigènes et exotiques
qui renferment des principes colorants rouges et
jaunes, en feuilles et en fleurs, etc..., avaient fourni
à la palette du teinturier toute la gamme des couleurs, gamme qui se complétait par quelques matières empruntées au règne animal, telles que la
cochenille et le kermès. Ce n'est qu'à partir de
notre siècle que le règne minéral commença à fournir à la teinture des matières colorantes telles que
les sels de nickel, de chrome, de cobalt, de fer, d'arsenic, de cuivre, etc.... L'aniline est venue introduire une source toute nouvelle de couleurs applicables aux tissus.

« Une substance extraite du sein de la terre,
qu'il est impossible de classer avec précision dans
le règne minéral ou végétal parce qu'elle n'est
qu'un détritus du monde antediluvien mêlé à des
matières minérales et que l'on ne peut ranger que
parmi le produit des mines, une matière fossile,
en un mot, la houille, est venue se joindre aux
agents producteurs des couleurs. Et l'on peut dire
que la dernière venue a rapidement éclipsé ses devanciers.

« Le bois de campêche et la cochenille sont presque au moment de disparaître devant le rouge d'aniline ; la garance est sérieusement menacée par l'alizarine artificielle (1), la consommation de l'indigo est diminuée par du bleu et des violets d'aniline ; les bois jaunes des îles, le safran et le curcuma ont déjà entièrement cédé la place à l'acide picrique dérivé de l'acide phénique et le noir d'aniline se fixe victorieusement sur le coton, au détriment du noir de noix de galle et de fer.

« Quel étonnant renversement produisent les découvertes de la science moderne dans les anciennes relations du commerce et des échanges ! Depuis des siècles, l'Europe recevait de l'Asie et de l'Amérique ses plus riches matières colorantes rouges. C'est l'Orient qui nous envoyait le *rouge d'Andrinople* et l'écarlate ; c'est l'Amérique centrale qui nous envoyait la cochenille et les bois colorants.

(1) Le danger signalé ici par M. Louis Figuier est peut-être moins imminent qu'il ne le semble à première vue. Ainsi en effet que le faisait observer M. Radon dans un savant article publié en 1874 dans la *Revue des Deux-Mondes*, il résulte des statistiques agricoles que la culture et le commerce des matières colorantes telles que l'indigo, l'orseille, la cochenille, bien qu'ébranlés par l'apparition des couleurs d'aniline, sont loin d'avoir été ruinés.

« Les anciennes couleurs se maintiennent sur le marché par les qualités qui leur sont propres, par les nuances spéciales qu'elles représentent, par leur solidité et aussi par l'habitude qu'on a de les manipuler. L'usage des tissus teints se généralise et la consommation des matières colorantes s'accroît au fur et à mesure que la production en augmente ; les anciens produits se vendent moins cher pour soutenir la concurrence des nouveaux. Il en sera peut-être ainsi de la garance, plus on fabriquera et plus on en consommera.

Aujourd'hui les fabricants de France et d'Angleterre envoient du rouge d'aniline aux Indes et à l'Amérique, et la Chine, terre classique de l'indigo, reçoit notre bleu d'aniline ; nous envoyons du jaune d'acide picrique au Japon qui nous fournissait autrefois le *rocou.*

« Ce qu'il y a d'étrange, ce qui étonne surtout le vulgaire, c'est que ces magnifiques couleurs qui produisent un si profond bouleversement dans l'art de la teinture sont extraites d'une matière que tout semblait devoir écarter d'un tel rôle.

« Le goudron de houille, noir, poisseux, fétide, d'un aspect repoussant, est le père de toutes ces splendides couleurs. Le *goudron de gaz* qui était, à l'origine de la fabrication du gaz, une si grande cause d'embarras et d'encombrement, est devenu une source de produits précieux et maintenant, loin de le jeter aux débarras des alentours des villes, on distille quelquefois de la houille, dans le seul but d'en recueillir le goudron (1).... »

Nous voici bien loin de l'éclairage ; mais tel est l'enchaînement qui relie entre elles les découvertes de la science, que nul ne peut savoir où conduira le résultat d'une invention.

Aussi bien, peut-on établir un rapprochement, auquel il serait difficile de contester au moins une raison spécieuse, entre la lumière que donne le gaz d'éclairage et la propriété possédée par les résidus de ce même gaz : reproduire un éclat brillant — une sorte de lumière fixe, —dans la coloration des étoffes.

(1) Louis Figuier, *Les Merveilles de l'industrie.*

Il était d'ailleurs difficile, étant donné le double
but poursuivi par Philippe Lebon, dans la distillation de la houille, de ne pas mentionner au moins
les principales applications du goudron résultant de
cette distillation — applications multiples dont le
dégraissage des étoffes d'abord et ensuite leur coloration, sous les noms de benzine et d'aniline, tiennent une place si considérable dans l'histoire contemporaine de la science appliquée à l'industrie.

Les matières combustibles et éclairantes, objet de
l'étude constante des savants, donnent chaque jour
lieu à de nouvelles et curieuses découvertes.

« La liste serait trop longue, dit aujourd'hui à ce
sujet le journal le *XIXᵉ Siècle* (1), la liste serait
trop longue des produits que l'industrie a tirés
de la distillation de la houille ou de ses dérivés;
naphtaline, phénol, matières tinctoriales, produits
aromatiques, toutes ces substances si disparates
sont exploitées sur une vaste échelle.

« Encore n'est-ce point seulement la houille qui
a maintenant le privilège d'occuper à cet égard les
savants.

« Le chef de la station agronomique de la Somme,
M. Guignet, vient de trouver dans une autre matière,
utilisée comme combustible, des produits curieux.

« Sous le nom générique de tourbe, on comprend
des matières fort diverses. Les recherches de
M. Guignet ont porté sur des tourbes de formation
moderne de la vallée de la Somme. Ces produits se
sont formés sous l'eau, en présence du carbonate

(1) 8 décembre 18 0.

de chaux. Si l'on place cette tourbe dans un appareil lixiviateur, l'eau retient en dissolution des acides appartenant à la série des corps humides. Les tourbes qui prennent naissance dans des terrains granitiques et sous d'autres climats contiennent beaucoup plus de matières solubles dans l'eau. Ainsi l'eau des marais tourbeux de Campos, au Brésil, est parfaitement limpide et peut servir à la boisson ; mais elle a une légère couleur de café.

« En traitant les tourbes de la Somme par la benzine, on dissout une matière cireuse, analogue à celle que M. de Molon a trouvée dans les tourbes de Bretagne. Cette matière cireuse se rencontre dans certaines variétés dans la proportion de 25 à 30 0/0. En les distillant dans le vide, sous l'action de la vapeur surchauffée, on obtient de la paraffine en quantité suffisante pour en faire l'objet d'une exploitation industrielle tout à fait réglée.

« Les tourbes de la Somme ne donnent pas un rendement semblable, mais M. Guignet y a découvert deux variétés de glucosides et une matière verte qui a tous les caractères de la chlorophylle. Pour obtenir ces matières sucrées, on traite la tourbe, finement pulvérisée, par l'acide acétique bouillant, pour enlever le carbonate de chaux mélangé, puis on lave et on fait bouillir la matière avec de l'acide sulfurique étendu d'eau. En saturant par le carbonate de baryte et reprenant le produit par l'alcool, on sépare ces glucosides, facilement reconnaissables à la réaction cupropotassique.

« La présence de ces diverses substances, et particulièrement de la matière cireuse, n'est pas facile à expliquer ; on ne comprend guère, en effet, la nature des végétaux capables de fournir en telle abondance cette cire résineuse. Il faudrait supposer des altérations tout à fait particulières et il serait intéressant qu'on fît l'étude complète des tourbes au point de vue organographique. On aurait peut-être ainsi l'explication de faits des plus curieux au point de vue de l'archéologie chimique. »

Nous le répétons, l'inventeur du gaz n'avait pas, ne pouvait avoir la plus légère idée de ce but à atteindre, ce qui n'empêche pas que son nom doive figurer non seulement en tête de ceux dont les recherches et les travaux ont amené ces découvertes, mais qu'une part d'honneur lui revienne dans toutes les découvertes auxquelles le gaz d'éclairage, soit par sa fabrication, soit par lui-même, a servi ou servira plus tard de point de départ.

VII

De ce que le gaz dont nous nous servons pour l'éclairage et qui est fourni aujourd'hui par l'industrie en quantités immenses, est d'invention humaine, il ne s'ensuit pas que ce produit ne se rencontre point à l'état naturel. Tout au contraire, il est connu depuis des siècles, ainsi que nous l'apprend M. Louis Figuier, dans un certain nombre de pays ; particulièrement en Perse, dans le Caucase, dans l'Inde et la Chine, enfin dans le Nouveau Monde.

« C'est dans les environs de Bakou, port de la mer Caspienne, en Perse, que se trouvent les effluves les plus curieuses de gaz inflammable.

« Ce gaz naturel provient de l'intérieur de la terre qui contient dans ces contrées d'abondantes sources de pétrole. Cette huile dont le centre de production est situé près de Bakou, est utilisée par les habitants des environs qui la font brûler dans des plats de fer peu profonds et remplis de sable imprégné d'huile.

« A quatre kilomètres de ces sources de pétrole est un lieu nommé *Ateschjah* (la demeure du feu), qui présente le plus curieux exemple connu d'effluves gazeux inflammables. A mesure qu'on approche de ce lieu, on sent une odeur sulfureuse qui se répand dans un rayon d'un demi-kilomètre.

« Au centre de cet espace, quand le temps est sec, on voit s'élever une longue flamme, d'un blanc bleuâtre dont l'intensité s'accroît à l'approche de la nuit.

« Au pied d'une colline voisine se trouve une source d'huile de pétrole qui s'enflamme très facilement et brûle même sur l'eau.

« En été, lorsque l'atmosphère est échauffée par le vent du sud qui règne continuellement sur ces rivages pendant la saison chaude, la quantité de gaz

résultant du voisinage des sources d'huile volatile
est considérable et leur inflammation accidentelle
produit de magnifiques phénomènes.

« Aux jours de réjouissances publiques et par un
temps calme, les gens du pays versent quelques
tonneaux de cette huile dans une petite baie de la
mer Caspienne, et vers le soir, y mettent le feu.
Le faible balancement des vagues ne retient pas
cette flamme qui s'étend peu à peu à perte de vue,
ce qui donne bientôt le spectacle étonnant d'une
mer couverte de feux.

« Les traditions du pays font remonter à plusieurs millions d'années ce feu qui a ses adorateurs
et ses prêtres nommés *guèbres* ou *prêtres du feu
sacré*.

« Ce *feu sacré* n'est autre chose que la vapeur
de l'huile de pétrole mélangée d'une proportion
plus ou moins considérable d'hydrogène bi-car-
boné ; cette vapeur sort de terre lorsqu'on y pratique un trou et elle s'allume alors de la même
manière que notre gaz d'éclairage.

« A quelque distance de ce curieux foyer naturel,
c'est-à-dire près Ateschjah, les Indiens, adorateurs
du feu, se sont construits de petites maisons de
pierres. Le terrain sur lequel reposent les murs de
ces maisons a été recouvert d'un lit d'argile de l'é-
paisseur de 1^m,50, afin que la vapeur ne puisse
percer cette couche ; mais des ouvertures, bouchées
par un tampon, sont laissées çà et là.

« Lorsqu'un habitant a besoin de feu pour sa cuisine, ou de lumière le soir, il enlève un de ces
tampons et présente une allumette enflammée à

l'ouverture. Aussitôt la vapeur s'allume. Quelle que soit la largeur de l'ouverture, la flamme a le diamètre de cette ouverture, mais sa hauteur et son intensité augmentent à mesure qu'elle est plus resserrée.

« La nuit, pour obtenir une lumière qui soit à la hauteur des objets que l'on veut éclairer, on enfonce dans des petits trous faits dans le sol, des roseaux dont l'intérieur a été barbouillé d'eau de chaux. On obtient par ce moyen, à telle place qu'on le veut, une sorte de jet de gaz qui donne une flamme de 15 à 16 centimètres de hauteur avec une lumière toujours égale et très vive.

« Les tisserands qui habitent ces contrées éclairent de cette manière les deux côtés de leurs métiers et ils n'éprouvent aucun embarras pour entretenir et renouveler leur lumière qui ne leur coûte aucun frais. Tout autre feu leur est inutile, car la chaleur du gaz naturel est si grande qu'elle les force à tenir leurs portes et leurs fenêtres ouvertes.

« Les habitants d'Ateschjah emploient ce gaz non seulement aux usages domestiques, mais encore à chauffer leurs fours à chaux et à consumer les corps de leurs parents après leur mort.

« Fait bien curieux ! Les prêtres de la secte des adorateurs du feu font commerce de ce gaz inflammable. Ils le recueillent dans des bouteilles et l'expédient dans des provinces éloignées de la Perse. Le contenu de ces bouteilles brûle encore parfaitement après des mois entiers, et ce prodige sert aux guèbres à entretenir la superstition de leurs sectateurs.

« Il existe en Chine des feux naturels tout semblables. Ils sortent des puits d'eau salée qui sont répan-
dus dans les districts de Young-hiem et de Wer-
huan-hian, où ils occupent une étendue considérable.

« Les Chinois savent utiliser le gaz naturel au
moyen de tuyaux de bambous. Ils s'en servent pour
chauffer et éclairer les usines dans lesquelles le
chlorure de sodium est extrait des sources salées.
Le gaz enflammé sert à évaporer ces eaux, et les
ateliers sont éclairés par le même moyen.

« Dans la presqu'ile de Java, on a signalé des
feux naturels tout semblables.

« Beaucoup de sources brûlantes existent dans les
Etats-Unis, et les Américains savent mettre à profit
ce moyen économique de chaleur et de lumière. Ils
disposent des tubes qui conduisent le gaz jusqu'au
foyer de leur cuisine ou de leur atelier. Ce feu
sert à cuire leurs aliments ou à favoriser le travail
de leur industrie.

« En Europe, on trouve ces sources brûlantes dans
diverses localités. Citons par exemple la *fontaine
ardente* du Dauphiné, dont nous aurons à parler
tout à l'heure, les feux de Pietra-Mala situés sur la
route de Bologne à Florence, ceux de Bargazzo,
près de Modène, etc.

« Les anciens connaissaient ce phénomène qu'ils
avaient signalé comme un prodige inexplicable.
C'est ainsi que Pline parle avec admiration des feux
naturels du mont Chimère, sur la côte de l'Asie
Mineure, feux qui ont été reconnus, dans le même
lieu, par le capitaine Beaufort, en 1811 (1). »

(1) *Les Merveilles de la science.*

PANTON. — JEAN TARDIN, — LANOIX.
(1863)   (1618)   (1846)

L'histoire du gaz ne serait pas complète si d'une part, nous ne mentionnions pas le souvenir d'un des hommes qui a le plus contribué à abaisser le prix de revient de ce précieux agent d'éclairage, et par suite, à populariser son emploi. Aussi bien la courte biographie de Panton contient-elle un exemple et une leçon que les jeunes gens et les hommes de tous les âges ne sauraient trop méditer.

Il nous restera ensuite à nous demander si, avant Philippe Lebon, de sérieuses recherches n'avaient pas été faites vers le but poursuivi et atteint par lui.

Enfin nous nous arrêterons quelques instants à considérer les attaques et les critiques auxquelles, à son origine, se trouva en butte l'éclairage au gaz.

I

PANTON

Il serait difficile d'imaginer une existence d'inventeur, plus traversée de succès et de misères que celle de Panton, auteur inconnu d'une invention admirable qui a révolutionné il y a quelques années (1) toute l'industrie du gaz, abaissé les frais de production et, quant à la modicité du prix de revient, fait entrer ce produit dans la grande consommation, en attendant qu'il devienne d'un usage universel et populaire.

Après avoir été riche, Panton est tombé des hauteurs où la fortune l'avait un moment placé. Il est mort fou, au commencement de 1863, et c'est à l'occasion de sa faillite que fut fait au tribunal, par M. Lincet, avocat de cette faillite, le récit suivant.

« Simple ouvrier dans une usine à gaz, sans instruction primaire, mais doué du génie de l'observation, Panton a résolu à lui tout seul un grand pro-

____

(1) Ceci était écrit en 1863. *Journal des Débats*, 2 mars.

blème dont l'industrie du gaz poursuivait depuis longtemps la solution, un abaissement considérable dans le prix de revient. Son four à coke a complètement révolutionné cette grande industrie, mais ce procédé d'un usage général aujourd'hui a eu besoin à l'origine, pour se produire et s'essayer, de la plus haute et puissante intervention. Repoussée, dédaignée par l'industrie privée, c'est au chef de l'État que la découverte de Panton a dû de sortir de l'obscurité.

« L'humble ouvrier obtint une audience de l'empereur, et dès ce moment, sa fortune fut changée. L'empereur fut frappé des résultats obtenus par cet obscur chercheur, il voulut lui-même présider aux expériences. Le nouveau procédé fut mis à l'essai sur un terrain dépendant de Saint-Cloud. L'auguste curieux put, de la sorte, vérifier les calculs de Panton, juger par lui-même, interroger et suivre la fabrication jusque dans ses plus petits détails.

« Le succès fut si complet que l'empereur voulut d'abord que Panton fût choisi pour concessionnaire de l'éclairage de la ville de Paris. Et quand il fut reconnu qu'il y fallait un financier plutôt qu'un inventeur, et que M. Pereire obtint la concession, ce fut à la condition de verser entre les mains de l'inventeur une indemnité, qui s'élevait au chiffre royal d'un demi-million.

« C'est là hélas ! ce qui perdit Panton. Ébloui par cette fortune inespérée, l'ouvrier, si vite enrichi, n'en sut pas faire un sage emploi ; il courut après les entreprises les plus hasardées, il devint le jouet des plus bas intrigants et voulut enfin se donner le luxe qu'il enviait au temps de sa misère : Panton eut chevaux, voitures, hôtel et valets; il acheta la livrée d'un prince valaque et en affubla ses gens !

« La fin était facile à prédire. Un jour Panton se vit réduit à partir pour la Russie ; on parlait à ce moment d'organiser à Saint-Pétersbourg un système d'éclairage au gaz, et on lui en avait fait espérer la concession. Arrivé sur les lieux, il s'aperçut qu'il avait été la victime d'une odieuse intrigue, il revint en France, tenta de transporter son procédé dans différentes villes de province, échoua partout et finit par se mettre en faillite. »

Mais l'enrichi dissipateur était resté sincèrement honnête. Ce que n'avaient pu ni les enivrements du luxe, ni les excès de jouissances de toutes sortes que permet la fortune, ni les revers ni les déceptions succédant sans transition à l'opulence, la pensée de son insolvabilité, à l'endroit de braves gens qui avaient eu confiance en lui, l'accomplit : La faillite le jeta dans la folie.

« On dut l'enfermer à Bicêtre ; puis un jour, pris par son compagnon de chambre pour je ne sais quel ennemi imaginaire, assailli, frappé par un furieux, le pauvre fou mourut sous les coups. »

Telle fut la fin d'un homme, auquel il ne manqua peut-être pour parcourir une carrière heureuse, honorée, qu'un peu moins de prospérité.

Le vertige de l'or est trop souvent funeste ; il porte en lui, comme celui causé par l'absinthe, un poison mortel. Malheur à qui se laisse aller à ses premiers enivrements.

Une grande fortune est nécessairement le tyran
ou l'esclave de celui qui la possède, surtout quand
cette possession se produit si soudainement qu'on
peut la dire en quelque sorte improvisée. Quiconque
ne parvient pas à s'en rendre maître de façon à la
dompter, à la gouverner, comme on dompte, comme
on gouverne un cheval fougueux, peut être sûr
d'être emporté par elle, de péril en péril, de chutes
en chutes, jusqu'à la ruine ou au déshonneur, jusqu'à l'hôpital des fous ou au suicide !

Triste fin ! surtout quand c'est celle d'un travailleur intelligent, d'un homme réellement utile comme
Panton.

Qui peut savoir ce que l'avenir eût réservé à cet
intelligent chercheur ? Qui peut se rendre compte
de ce que l'industrie et la société ont perdu par
cette fortune et cette mort également prématu-
rées ?

II

JEAN TARDIN

« En 1618, si l'on eût fait quelque attention aux expériences consignées dans le livre d'un pauvre médecin de Touraine, on aurait pu se donner déjà toutes les splendeurs du gaz d'éclairage.

« Jean Tardin avait longuement étudié la source inflammable des environs de Grenoble, et, du laborieux résultat de ses expériences, il avait fait un petit livre, aujourd'hui introuvable, qui a pour titre : *Histoire naturelle de la fontaine qui brusle près de Grenoble, avec la recherche de ses causes et principes et ample traité des feux souterrains*.

« La découverte du gaz y ressort avec la plus incontestable évidence. Il dit quelle est l'exhalation qui passe au travers de l'eau de la *Fontaine qui brusle* ; il explique « comment il y a grande conjec-« ture que la matière de ce feu est le bitume, d'autant « qu'auprès de ces bains, se trouvent des mines de « charbon de pierre, lequel est une espèce de bi-« tume ».

« Et lorsqu'il tient ainsi le mot de ce gazomètre naturel, avec la nappe d'eau pour bassin, la mine de houille pour creuset souterrain, il en arrive à se demander pourquoi lui, Jean Tardin, il ne reproduirait pas, dans son laboratoire, l'expérience dont cette fontaine est pour lui la permanente leçon ; pourquoi il ne pourrait pas obtenir une flamme, comme celle-ci, née d'une exhalation et brûlant sans mèche ?

« Pourquoi, écrit-il, avons-nous besoin de mèches
« en nos lampes et chandelles... Quant à moi, j'es-
« time que la raison est d'autant que l'huile et la
« cire et autres semblables matières demeurant en
« leur consistance grasse et épaisse, ne puissent re-
« cevoir flamme, mais qu'il faut absolument qu'elles
« soient réduites en exhalations. Or, pour ce faire,
« si nous n'avions point de mèches, il faudrait un
« grand feu, lequel, agissant au fond de la lampe,
« ferait résoudre l'huile en exhalation... »

« Voilà bien le gaz, si je ne me trompe ; voilà le corps combustible réduit en matière inflammable et qui ne demande que l'étincelle pour devenir une lumière. Jean Tardin va plus loin. Il ferait avec l'eau-de-vie, avec le soufre, le bitume et autres substances semblables, mis dans une retorte sur le feu, ce qu'il fait avec l'huile : il les réduirait en *exhalations* et il en tirerait des flammes. Un jour cependant, le rêve du théoricien se fit expérience pratique ; il mit de la houille dans un vase bien clos qu'il soumit à une haute température et il obtint l'*exhalation* inflammable qu'il demandait.

« Les expériences de John Clayton sur les vapeurs qui s'échappaient d'une mare à deux milles de Wigan, dans le Lancashire, ne furent pas plus décisives que celles faites par Tardin sur les *exhalations de la fontaine qui brusle*. Seulement Clayton eut l'avantage de venir près d'un siècle après le médecin dauphinois, c'est-à-dire à une époque beaucoup plus rapprochée de celle où la découverte ainsi répétée, devait être mieux comprise et enfin se trouver mûre.

« On ne pensa donc qu'à lui. Il fut le seul ancêtre qu'on admit dans la parenté des inventeurs qui se groupèrent plus tard autour de l'admirable découverte de Lebon pour s'en disputer le mérite, mais de Tardin pas un mot. »

III

LANOIX

Une autre personnalité, au dire du même infatigable chercheur, réclame ici un souvenir. Si cette revendication est exacte, elle enlève à Philippe Lebon, non pas l'honneur de l'invention du gaz, mais une nouvelle part de l'idée et du procédé.

Un pharmacien de Lyon, Jean-Baptiste Lanoix, mort en 1846 à l'âge de cent quatre ans, ardent disciple de Mesmer, porté par l'étude du magnétisme animal à des expériences de chimie qui devaient le mettre sur la voie de plusieurs découvertes plus ou moins curieuses, aurait, selon M. Beckenberg, savant électricien cité par Édouard Fournier, devancé, de plus de dix ans, Philippe Lebon dans l'invention du gaz d'éclairage.

« Lanoix, dit-il, est le premier qui ait fait le gaz d'éclairage par la houille, à Lyon, avant la Révolution de 1789, en faisant du coke pour le chauffage des fours de boulangers. Il avait construit un petit appareil d'éclairage, mais il ne voulait pas le faire connaître, disant que ce gaz méphitique ne ferait que des aveugles et rendrait beaucoup de personnes malades ; aussi, à partir du moment où Lyon fut éclairé au gaz, ne voulut-il plus y venir de nuit.

« Cet inventeur, continue Édouard Fournier à qui nous empruntons ce détail peu connu, cet inventeur qui a peur de son invention et n'en dit mot parce qu'il la craint, est bien curieux !

« A-t-il été le seul ? D'autres inventions qui semblaient dangereuses, n'ont-elles pas été retardées par leurs auteurs, pour la même cause ?

« Celle-ci, heureusement, n'a pas confirmé les terreurs de celui dont elle eût fait la gloire, s'il n'en avait eu peur.

« Je ne crois pas qu'elle ait fait beaucoup d'aveugles, et le gaz, lorsqu'il ne fuit pas, n'a encore asphyxié personne, même au théâtre, où, soit dit en passant, il fit son apparition à l'Opéra, dans une pièce au titre prédestiné, la *Lampe merveilleuse*, jouée le 6 février 1822 (1). »

(1) Édouard Fournier, *Le vieux neuf*.

IV

DÉTRACTEURS DU GAZ

Il n'est si utile invention, si merveilleuse innovation qui ne soulève à son début de violentes oppositions et ne rencontre d'opiniâtres contradictions.

Le gaz d'éclairage plus que la plupart des autres découvertes, sauf peut-être l'acclimatation de la pomme de terre en France, en est la preuve.

Ces deux bienfaits d'un genre divers, mais qui tous deux s'adressaient à toutes les classes de la société, furent également en butte aux préventions et aux attaques les moins justifiées.

On a vu comment, au début, il suffit d'un défaut évidemment remédiable, l'odeur de la fumée qui, faute d'épuration suffisante, signala les premiers essais de Philippe Lebon, pour éloigner de son invention, d'abord accueillie avec enthousiasme, les sympathies de l'opinion publique et faire déclarer irréalisable l'application de son système.

Plus tard, lorsque ce système, triomphant en Angleterre, ayant prévalu à Londres et à New-York, eut

couvert ces deux villes de son réseau de tuyaux de
conduite et d'appareils ; lorsque, passant le détroit
et s'imposant par la force de ses résultats, à l'administration française, il eut fait admirer aux Parisiens,
et, bientôt après aux habitants de nos principales
villes, le vif éclat de sa lumière, comparée à celle
des réverbères les meilleurs et les mieux entretenus,
il se trouva encore des esprits sceptiques pour prédire à cette heureuse révolution une durée éphémère,
et, des esprits chagrins, des critiques acerbes pour
lui attribuer une foule de méfaits plus épouvanta-
bles les uns que les autres.

On regrette de rencontrer parmi ces ennemis
systématiques de « la lumière » des hommes aussi
éclairés, des esprits aussi fins, aussi délicats que
les auteurs de *l'Essai critique sur le gaz hydrogène
et les divers modes d'éclairage*, qui parut à Paris, en
1833, juste au moment où le gaz, triomphant enfin
des lenteurs administratives et des entraves de tout
genre apportées à sa complète installation, prenait possession de la grande capitale.

Une partie de cette boutade réclame ici sa place.
Aussi bien, est-ce un petit chef-d'œuvre d'esprit et
de verve comme tout ce qui est sorti de la plume du
spirituel auteur de Trilby. Ce n'est pas à ce titre
toutefois que nous la reproduisons, mais comme
offrant le résumé, la condensation, si nous osons
parler ainsi, de ce qui, à cette époque, d'un bout de
la France à l'autre, était dit sur tous les tons par les
détracteurs du gaz, répondant à l'enthousiasme et
aux éloges de ses admirateurs.

Dans la préface que seule nous citerons, les deux

amis (1) se rencontrent et s'abordent en ces termes :

Le docteur. — C'est donc vous, mon ami ! Qui vous a retenu si longtemps loin de nos petits cercles sans façon, sans intrigues et sans vanité. A quel plaisir avez-vous sacrifié les plaisirs de nos longues veillées?

L'ami. — Au plaisir de visiter notre belle patrie, mon cher docteur ! J'étais dans le Midi et je parcourais avec enchantement les ruines magnifiques d'Orange, de Nimes, de Saint-Remy, d'Arles surtout qui m'est cher à un titre de plus, puisque vous y êtes né... mais vous-même !

Le docteur. — J'étais au Nord ; je cherchais vos traces sur les bords des lacs de l'Écosse et je retrouvais votre nom gravé sur les rochers de Ben-Lomond et sur les vieilles murailles d'Holy-Rood. Enfin Paris nous réunit encore une fois et vous dites sûrement comme moi :

« Plus je vis l'étranger, plus j'aimai ma patrie! »

L'ami. — Ce sentiment est un des derniers qui s'éteignent dans le cœur ; cependant, docteur, je vous l'avouerai avec franchise, soit qu'une révolution subite du monde physique ait changé l'ordre et les lois de la nature, soit que mes organes lassés ne me permettent plus de recevoir et de goûter de la même manière les perceptions qui les charmaient autrefois, je suis poursuivi depuis mon retour de sensations importunes. Je ne reconnais plus Paris.

Le docteur. — Voyons, mon ami : cette modification dans la faculté de sentir et de juger peut-être un sujet d'observations pour la physiologie.

(1) Charles Nodier et Amédée Pichot.

L'ami. —Rassurez-vous, cher docteur : je ne suis pas malade ; ce que j'éprouve se compose seulement d'une longue suite de légers malaises et de petites inquiétudes que je n'ai pu parvenir jusqu'ici à rattacher à une cause commune. Vous allez vous en faire une idée par les faits. Le lendemain de mon arrivée, je gagnai lentement, par le faubourg Montmartre et le boulevard du Panorama, ce petit cabinet littéraire auquel la fidélité de l'habitude me ramène tous les matins, où je parcours les journaux sans les lire et que je quitte après un quart d'heure d'occupation désœuvrée, aussi bien instruit que si je les avais lus. Quel est mon étonnement de trouver les rues labourées de sillons profonds et fétides, dont quelques parties sont à peine recouvertes de tuyaux inégaux, et au travers desquels l'esprit préoccupé de périls en périls, n'a pas même le loisir de poursuivre une rime, ou de s'arrêter sur un hémistiche.

Le docteur, *à demi-voix.*—C'est le gaz hydrogène!

L'ami. — Comme ce fâcheux désagrément se renouvelle partout, je prends la secrète résolution de borner mes promenades aux boulevards. Vous savez combien j'ai toujours aimé cette riante ceinture d'arbres qui nous tient lieu, jusqu'à un certain point, des *squares* (1) de Londres, et qui prête à la sombre monotonie de nos rues l'attrait séduisant de la verdure. Concevez mon chagrin : l'automne n'était pas commencé et la plupart de nos grands ormes étaient déjà dépeuplés de leurs ombrages; que

(1) Nous avons aujourd'hui, à Paris, les uns et les autres, et à quel point embellis et agrandis

lis-je, ils ne s'en couronneront plus car on croirait
qu'une contagion mortelle a desséché leurs racines
et flétri leurs rameaux.

Le docteur. — C'est le gaz hydrogène !

L'ami. — L'heure du dîner arrive ; elle est même
un peu passée et bien m'en a pris quand j'arrive chez
mon restaurateur ordinaire, au Palais-Royal. Pendant que je jette les yeux sur la carte, une explosion épouvantable brise les lustres, les quinquets,
les glaces, les boiseries et jonche des débris des
solives, des poutres et du plafond, la salle heureusement déjà vide où j'allais choisir une place.

Le docteur. — C'est le gaz hydrogène !

L'ami. — Après un dîner lestement improvisé
chez Pestel, je prends le chemin de mon théâtre favori
par le passage Feydeau, où la providence me préserve
d'un nouveau danger. Je me dérobe presque mira-
culeusement à la chute d'un corps de maçonnerie,
destiné à contenir je ne sais quel appareil.

Le docteur. — C'est le gaz hydrogène !

L'ami. — Je ne fais qu'une courte station au café
pour prendre un verre d'eau sucrée que je porte à
la bouche avec une heureuse lenteur et dont l'évaporation d'un gaz délétère trahit par hasard les propriétés homicides. Cette eau, produit d'une source
voisine, connue par sa salubrité, avait été corrompue
par le brisement accidentel d'un conduit qui voiture,
je ne sais pour quel usage, un air méphitique et empoisonné.

Le docteur. — C'est le gaz hydrogène !

L'ami. — Enfin je viens reprendre ma place
habituée à l'entrée de l'orchestre des Variétés et

oublier, facilement sans doute, les ennuyeuses tribulations ou, comme vous dites en Angleterre, les triste *désappointements* de ce jour d'épreuves. Auteurs pleins d'esprit et de gaieté, acteurs parfaits, tout paraît propre dans ce théâtre, à conjurer les soucis de l'esprit et à délasser la fatigue de la pensée ; pourquoi faut-il qu'une chaleur lourde, intense, malsaine, qui n'est pas produite par la constitution atmosphérique de la saison, y rende l'air moins élastique et moins respirable que de coutume ?

Le docteur. — C'est le gaz hydrogène !

L'ami. — Bientôt une irritation me saisit à la gorge, une odeur d'abord importune et puis insupportable, se développe peu à peu et je me demande avec étonnement quel est l'agent funeste de ce phénomène pestilentiel qui a transporté au milieu de Paris les exhalaisons des solfatares, le poison volatil des mofettes et les vapeurs malfaisantes qui peuplent tous les ans les bords des marais (1).

Le docteur. — C'est le gaz hydrogène !

L'ami. — Jusque-là, une impression pénible dont je ne me rendais pas compte m'avait empêché de lever les yeux... Mes regards jetés à l'étourdie sur un

---

(1) Nous faisons observer en passant que les émanations du gaz hydrogène, quelque désagréables qu'elles puissent paraître, lorsque, par accident, elles se produisent, sont si loin d'être malfaisantes, qu'on n'a pas trouvé jusqu'à présent de remède plus sûr et plus énergique pour la coqueluche et pour certaines affections des bronches et des poumons que des séances fréquentes, des séjours continus dans les usines à gaz. — On sait aussi que toutes les substances distillées du goudron de houille sont des antiputrides et des désinfectants puissants.

lustre inventé pour la prunelle des salamandres, se rabaissèrent éblouis sur mes paupières troublées et ce ne fut qu'avec de longues précautions que j'osai me hasarder à chercher quelques visages de connaissance, dans la lumière météorique dont tous les assistants étaient inondés comme Sémélé dévorée par la foudre de Jupiter. Ici, je vous le jure, commence le plus triste de mes regrets. Imaginez-vous toutes ces femmes charmantes que j'étais habitué à admirer, éclairées d'une manière égale, monochrome et plate, comme de froides découpures de papier blanc, sans saillies, sans profils et sans couleurs, sur un plan maussade qui ne fait pas même valoir par quelques ombres la gracieuse souplesse de leur attitude. Quel infernal artifice a donc employé le démon pour enlaidir les plus jolis visages (1)?

Le docteur. — C'est le gaz hydrogène !

L'ami. — Tout à coup, comme si l'appareil lumi-

(1) Quand il fut question d'éclairer au gaz la salle de l'Opéra, les réclamations et les critiques furent des plus virulentes. On avait annoncé que le lustre serait un vrai soleil illuminé par le gaz et chacun de se récrier contre l'imprudence d'une pareille innovation... De plus, on répandit très habilement ce préjugé que la lumière du gaz pâlissait le teint, accusait les moindres rides du visage et rougissait les yeux ; les femmes du monde menaçaient donc de déserter l'Opéra et de son côté, le corps de ballet méditait d'être malade ou de s'engager à l'étranger... L'administration était aux abois... Un homme intelligent fit taire ces scrupules en proposant d'adapter à tous les becs de gaz de la salle, les globes de cristal dépoli récemment inventés. Grâce à cette innovation, l'opposition se calma. La première représentation fut splendide, tout marcha à souhait et l'admiration, l'enthousiasme du public d'élite qui sortit enchanté et ne se fit pas faute de célébrer la beauté du nouvel éclairage, ne fut pas un des moindres éléments des rapides succès de celui-ci.

neux avait compris ma pensée, il s'abaisse et pâlit ;
puis il verse des teintes livides et sulfurées qui frap-
pent de reflets hideux les figures les plus ravissantes
et transforment toutes ces grâces en sorcières et en
lamies, puis il s'éteint et laisse l'assemblée épou-
vantée dans une obscurité profonde ; une main sur
ma montre et l'autre sur ma bourse, je m'évade au
milieu des cris d'épouvante, au milieu des cris de
terreur, en admirant l'instinct ingénieux de la police
qui a confié toutes les chances de la sécurité publique
au caprice de je ne sais quelle lumière simultanée.

Le docteur. — C'est le gaz hydrogène !

L'ami. — Enfin je rentre assez lentement chez
moi en évitant avec soin les fosses putrides que l'on
creuse partout sous mes pas, mais à demi consolé
d'un jour pénible par la ferme résolution de partir
de Paris le lendemain, si je puis parvenir à vendre,
dans la journée, mon petit champ de colza de Fran-
che-Comté et ma petite maisonnette du faubourg
Poissonnière. Quelle fatalité a voulu que toutes mes
propriétés dont la valeur était déjà presque indivi-
sible eussent subi en si peu de jours, cinquante pour
cent de rabais.

Le docteur. — C'est le gaz hydrogène !

L'ami. — Le gaz hydrogène, dites-vous ! En vérité,
vous m'y faites penser ; vous me rappelez qu'il a
failli me *méphitiser à King's opera* et me faire
sauter à Dumfries. Mais par quel hasard cet agent
funeste dont toute la vogue était due en Angleterre à l'esprit national qui repousse (1) nos

(1) Charles Nodier, ici, se trompe. Ce mot : *qui s'approprie* ou

produits, a-t-il trouvé des prôneurs en France?

Le docteur. — Comme toutes les innovations qu'on y reçoit sans examen, qu'on y néglige sans motifs et qu'on y abandonne tout à fait quand elles ont perdu le mérite piquant d'être nouvelles.

L'ami. — Celle-ci, docteur, est digne de votre colère... Écrivez ou si vous l'aimez mieux, écrivons (1)...

plutôt qui *aime à s'approprier nos produits* eût été mieux dit et plus juste en parlant de l'invention de Philippe Lebon. La phrase tout entière à laquelle appartient ce mot montre combien, au moment où elle a été écrite, c'est-à-dire en 1823, au lendemain presque de la découverte du savant ingénieur français et de sa mort si dramatique, lui et son œuvre étaient encore peu connus et mal appréciés en France.

(1) Les auteurs que nous citons ici n'étaient ni les premiers, ni les plus ardents adversaires du nouveau système. Trois ans avant l'*essai* dont nous avons reproduit la préface presque entière, avait paru sous ce titre : *Appréciation du procédé d'éclairage par le gaz hydrogène*, un savant mémoire de Clément Desormes visant surtout le côté économique de l'éclairage au gaz.

Nous n'emprunterons à ce mémoire qu'un seul passage qui mérite d'être retenu et médité et qu'on pourrait peut-être retourner contre son auteur :

« Priver le monde de la découverte la moins importante en la repoussant injustement, serait une action bien coupable sans doute ; mais adopter tout ce qui se présente avec l'attrait de la nouveauté ; recommander, exécuter tous les procédés nouveaux, sans une étude approfondie de leur utilité, ce serait ne pas discerner le bon du mauvais, ce serait courir le risque de mal faire et de diminuer la richesse publique au lieu de l'augmenter. Personne n'a peut-être porté plus loin que moi les espérances que l'humanité peut encore avoir, et personne n'a une plus haute idée des succès que l'avenir réserve aux hommes de génie ; mais je sais aussi quels risques immenses nous offre la nature des choses et je ne crois à l'utilité qu'après

Il eût été difficile de dépenser plus de verve et d'esprit au service d'une aussi mauvaise cause. Aussi en a-t-il été de la prophétie *du docteur et de son ami* comme de celle de Mme de Sévigné à propos du café; leurs préventions ont dû s'évanouir devant les faits : le gaz, en dépit de leur acte d'accusation, est resté ; et jusqu'à ce que la lumière électrique vienne le détrôner, question encore au moins incertaine, il continuera... « poursuivant sa carrière, à verser des torrents de lumière sur ses obscurs blasphémateurs » !

Mais si le gaz eut des détracteurs, il eut aussi, nous l'avons déjà dit, ses enthousiastes.

On raconte à ce sujet, que vers 1811, alors que cet éclairage était encore une nouveauté à Londres et y excitait une surprise générale, une dame de haut parage fut si émerveillée, si ravie de l'éclat d'une lampe qui brûlait dans un magasin, où elle était entrée faire quelques emplettes, qu'elle voulut, n'importe à quel prix, l'acheter et l'emporter dans sa voiture. La naïveté de cette prétention prouve à quel point la nature du gaz d'éclairage était encore mal comprise à cette époque.

Du reste, le gaz était alors préparé dans la maison même où il devait être employé, c'est-à-dire qu'il n'y avait pas d'usines générales établies pour sa fabrication et par conséquent aucun système de canalisation sous le pavé des rues.

Parmi les inconvénients attachés à cette fabrica-

démonstration. Quels moyens avons-nous d'acquérir cette certitude ? L'expérience, les discussions qu'elle amène et les conséquences qu'on en peut tirer. »

tion partielle, et sans parler du risque d'explosion, l'écoulement des eaux de chaux dans les égouts suscita d'unanimes réclamations qui forcèrent l'administration de la grande cité anglaise à intervenir.

Une réglementation fut mise à l'étude et bientôt après adoptée.

De l'Angleterre elle est passée, avec quelques légères modifications, chez nous et chez les peuples civilisés du monde entier qui tous aujourd'hui connaissent et emploient le gaz.

I

FRESNEL

(1788-1827.)

Nous ne saurions nous occuper de l'art de l'éclairage et en esquisser l'histoire, sans nous arrêter à un des emplois les plus anciens et les plus utiles qui aient été faits de la lumière artificielle : les signaux et les phares.

Les premiers reçurent au début même de la découverte et de l'usage du feu, une application à peu près générale. Ils constituèrent une sorte de langage de convention, au moyen duquel purent s'établir des communications à distance, soit entre deux peuplades amies, soit entre les membres séparés d'une même peuplade.

Ce fut le point de départ de l'art télégraphique.

Après être convenu de la signification de tel ou tel nombre de feux à allumer, de la manière dont on les disposerait, de l'ordre dans lequel ils seraient allumés, etc.,etc., on pouvait annoncer d'une façon plus aisée, plus rapide et plus précise qu'en envoyant des messagers, une victoire ou une défaite, le besoin ou l'envoi d'un secours, la direction prise ou à prendre, etc.

Les phares, qui ne furent imaginés que plus tard, sont des signaux permanents qui ne s'adressent à personne en particulier, mais qui, placés sur un point élevé d'une côte, sur un rocher en mer, à l'entrée d'une rade ou d'un port d'accès difficile, ont pour objet de signaler un point fixe que le navigateur doit éviter ou vers lequel, au contraire, il doit se diriger.

L'usage des phares remonte à la plus haute antiquité; il a dû prendre naissance à l'origine même de la navigation. Homère parle des feux qui dirigeaient les premiers navigateurs. Le plus ancien établissement de ce genre, dont l'histoire fasse mention, est celui du promontoire de Sigée ; le Pirée et la plupart des ports de la Grèce avaient aussi les leurs. Mais si, à ces époques reculées, l'institution existait, elle ne portait probablement pas le nom que nous lui connaissons, nom qui est celui d'une ile située près d'Alexandrie (Pharos) dans laquelle Ptolémée, roi d'Égypte, fit élever (vers l'an 270 av. J.-C.) une haute tour de marbre blanc d'où l'on découvrait les vaisseaux, à cent milles en mer (1).

Cette tour prit le nom de l'ile et fut comptée au nombre des sept merveilles du monde. Les his-

(1) Quelques auteurs, dit Larousse, prétendent que l'ile prit le nom de la tour qui aurait été nommée *Pharos* de *Phao*, briller, qui se rapporte à la racine sanscrite *Pha*, même sens, laquelle

toriens rapportent que cette tour avait mille coudées de hauteur et se composait d'une succession d'étages dont le nombre a souvent été discuté. Elle avait été construite par le célèbre gnidien Sostrate et il ne fallut rien moins que le terrible tremblement de terre de 1303 pour la détruire.

Pendant plus de quinze siècles, ce phare avait donc éclairé la mer, guidé les navigateurs et servi de modèle aux peuples tour à tour vainqueurs et dominateurs des Grecs.

Les Romains, entre autres, se montrèrent favorables à ce mode d'éclairage des côtes. Ils multiplièrent les phares sur tous les points de leur vaste empire et en particulier en Italie et en Gaule.

Suétone parle de celui que Tibère fit élever à Ostie et nous apprend que l'île de Caprée en possédait un qui s'écroula pendant un tremblement de terre, peu de temps avant la mort de Tibère.

Pline parle des phares de Ravennes et de Pouzzoles. Sur les côtes de la France et de la Grande-Bretagne, les phares construits par les Romains rendaient les côtes abordables aussi bien de nuit que de jour. En 1643, les ruines d'un de ces phares existaient encore à Boulogne-sur-Mer.

Quoi qu'il en soit, « les anciens dans la con-

a fourni un grand nombre de dérivés aux langues indo-européennes

« Il est difficile d'admettre cette explication, car l'île s'appelait *Pharos* sept ou huit cents ans avant Ptolémée Philadelphe, puisque on trouve déjà ce nom dans Homère. Il serait possible cependant que cette île eût possédé un phare dès ces temps reculés et que Ptolémée n'eût fait que relever ce phare dont la tradition populaire aurait conservé le souvenir. »

struction de leurs phares, se bornaient à les placer à de grandes hauteurs, et ils employaient, pour produire la lumière, de vastes amas de bois ou de charbon dont ils entretenaient, à grands frais, la combustion pendant la nuit.

Les modernes y employèrent des lampes, mais ce procédé, d'ailleurs plus économique, ne fournissait qu'une lumière très peu supérieure à celle des phares anciens, jusqu'au moment où l'invention admirable de la lampe à double courant d'air d'Argand donna les moyens d'un perfectionnement remarquable.

Quatre ou cinq lampes à double courant d'air suffisent pour jeter une lumière égale à celle que produiraient les plus grands feux de bois, mais les effets naturels de ces lampes furent encore prodigieusement agrandis quand on eut l'idée de concentrer leur lumière au moyen de miroirs réfléchissants.

Ici se présentait cependant une difficulté : le miroir, en réfléchissant les rayons lumineux dans une seule direction, a l'inconvénient de laisser le reste de l'espace dans l'obscurité et, par conséquent, de ne pouvoir servir qu'aux vaisseaux qui se trouvent dans la ligne éclairée.

On surmonta cette grave difficulté en imprimant à l'aide d'un mécanisme d'horlogerie un mouvement uniforme de rotation au miroir réfléchissant.

Le faisceau, sortant de ce miroir, est alors successivement dirigé vers tous les points de l'horizon et ce mouvement est de nature à faire distinguer les phares de tout autre feu accidentel, qui, allumé sur la côte, pourrait causer des méprises fatales.

Des lentilles de verre avaient été ensuite substituées aux miroirs, mais elles avaient été abandonnées comme renvoyant des rayons moins intenses.

Il appartenait au savant physicien Fresnel de résoudre ce problème.

Appelé à étudier la question, il vit immédiatement que les phares lenticulaires ne deviendraient supérieurs aux phares à réflecteurs qu'en augmentant l'intensité de la flamme, c'est-à-dire en donnant aux lentilles d'énormes dimensions bien au delà d'une fabrication ordinaire.

Ainsi que nous le montrerons tout à l'heure, il se mit à l'œuvre et ne tarda pas à résoudre le problème. Pour peu qu'on examine avec attention les ingénieux procédés dont il fit usage dans ce travail, on sera vraiment frappé de tout ce que l'esprit d'invention emprunte de secours, soit à la connaissance des arts, soit à cette dextérité manuelle si bien caractérisée par Franklin lorsqu'il disait : « *Le physicien doit savoir scier avec une lime et limer avec une scie.* »

II

Né à Broglie (Eure) le 10 mars 1788, Augustin-Jean Fresnel, fils d'un architecte de mérite, avait pour mère la sœur du célèbre Mérimée. Une supériorité marquée dans les sciences ou dans les lettres semblait être dans cette famille un don héréditaire. Sur quatre fils, dont Augustin était le second, trois devaient se distinguer à l'École polytechnique et le quatrième se faire un nom en littérature.

L'influence de l'éducation se révèle ici d'une manière frappante et le rôle heureux d'une mère intelligente, dévouée et respectée s'y accuse avec une évidence indiscutable.

Augustin, cependant, paraissait devoir faire exception à cette heureuse règle. D'un tempérament délicat, d'un caractère qu'on taxait d'indifférent et qui n'était peut-être, dès lors, que concentré en lui même par suite du premier et trop absorbant travail de l'esprit d'observation qui, dans cette jeune nature s'éveillait puissant et tenace, tel qu'il devait se manifester bientôt, le jeune garçon ne montrait pas pour l'étude ce goût, cette ardeur qu'on admirait dans ses frères.

A huit ans, assurent ses biographes, il ne savait pas lire et plusieurs années après, il était encore classé parmi les enfants de son âge les plus en retard.

Des amis de sa famille qui l'ont connu à cette époque ont attribué cette lenteur à apprendre, dont sa mère se désolait et qu'elle attribuait à un manque déplorable d'émulation, « au dégoût qu'inspirait au jeune écolier l'étude des langues et en général tous les exercices qui ne s'adressent qu'à la mémoire ».

Quoi qu'il en soit, ses maîtres étaient loin de s'imaginer qu'il deviendrait un des savants les plus distingués de notre époque.

Quant à ses jeunes camarades, c'était autre chose ; leur admiration enfantine lui était acquise tout entière et ils ne l'appelaient pas autrement que « *l'homme de génie* ».

Ce titre pompeux lui avait été décerné à l'occasion de recherches expérimentales, auxquelles il s'était livré à l'âge de neuf ans, soit pour fixer les rapports de longueur et de calibre qui donnent la plus forte portée aux canonnières de sureau, dont les enfants se servent dans leurs jeux ; soit pour déterminer quels sont les bois, verts ou secs, qu'il convient d'employer dans la fabrication des arcs, sous le double rapport de l'élasticité et de la durée.

Le physicien de neuf ans avait exécuté ce petit travail avec tant de succès que des hochets jusque-là inoffensifs étaient devenus des armes dangereuses, qu'il eut l'honneur de voir proscrire par une délibération expresse des parents assemblés de tous les combattants.

Est-ce dans des essais de ce genre que l'intelligence, en apparence engourdie, de l'enfant se développa? Sa raison lui fit-elle comprendre l'importance des études élémentaires, tout arides qu'elles paraissent? le goût lui fut-il inspiré par le tendre amour qu'il portait à sa mère?

Les historiens du savant physicien ne nous le disent pas, mais ils nous le montrent se faisant admettre par concours, à l'âge de 13 ans, à l'école centrale de Caen, s'y distinguant aussitôt et entrant à 16 ans à l'École polytechnique, où son frère aîné l'avait devancé, où son frère puîné devait le suivre et où tous les trois, ils devaient briller au premier rang.

Le célèbre Legendre, alors examinateur à l'École polytechnique, fut frappé des rares dispositions d'Augustin Fresnel pour les sciences mathématiques. Le jeune homme lui plut en outre par ses aimables qualités, sa modestie, sa timidité. Des rapports bienveillants et affectueux d'une part, reconnaissants et dévoués de l'autre, s'établirent bientôt entre ces deux hommes dont le premier touchait au déclin de la brillante carrière que le second allait bientôt aborder.

Cette amitié ne fut pas sans influence sur les travaux et l'avenir de Fresnel qui trouva dans les encouragements du savant professeur, à la sortie de l'école et bien longtemps encore après, un point d'appui, une direction sûre et presque paternelle qui le poussèrent et le soutinrent dans cette voie de recherches et d'expériences scientifiques, si souvent difficile et aride, où son inclination naturelle l'appelait à s'engager.

Doué d'une complexion moins faible, d'une santé plus robuste, Augustin eût sans doute opté pour l'artillerie comme l'avait fait son frère, et dépensé comme lui sur les glorieux champs de bataille de l'Europe, coalisée tout entière contre nous, sa jeunesse, ses talents et sa vie (1).

C'était là d'ailleurs non seulement le courant d'idées qui dominait parmi les jeunes contemporains de Fresnel, mais encore un des besoins réels de l'époque. La gloire militaire, le prestige de la bravoure française, le triomphe de nos armes devaient précéder chez nous le réveil des sciences et de l'industrie, et leur préparer l'essor grâce auquel nous allions bientôt reconquérir la place d'honneur que notre industrie et nos arts nationaux occupent, au premier rang des nations civilisées.

Quoi qu'il en soit, il est permis d'affirmer que la délicatesse de tempérament d'Augustin contribua puissamment à favoriser son penchant pour l'observation et la méditation.

« A cette disposition précieuse, dit un de ses amis devenu, après sa mort, son biographe (2), étaient unis chez lui un esprit fin et délicat, une modestie sincère, une gaieté bienveillante et une inaltérable douceur ; qualités qui prenaient leur source dans un jugement sain, dans un cœur honnête et qui annonçaient les vertus solides que d'importantes occasions devaient mettre à l'épreuve. »

En sortant de l'École polytechnique, Fresnel entra dans les ponts et chaussées. Nommé successivement ingénieur dans les départements de la

(1) Ce frère fut tué en Espagne, en 1807.
(2) M. Duleau, ingénieur des ponts et chaussées.

Vendée, de la Drôme et de l'Ille-et-Vilaine, il mena pendant plusieurs années une vie très active et toute absorbée par les soins de son service, soins auxquels il se dévouait avec un zèle consciencieux que les notes qui lui furent données pendant cette période par ses supérieurs, ainsi que le souvenir conservé par tous ceux qui l'ont connu alors, sont unanimes à constater.

L'amour du devoir, l'exactitude à en remplir toutes les charges, telle fut toujours, en effet, la passion dominante de ce cœur honnête que nous montrait tout à l'heure M. Duleau.

L'étude, néanmoins, trouvait moyen de glaner quelques heures dans cette vie si bien remplie. Il est cependant douteux que la véritable vocation de Fresnel eût pu se développer si les événements de 1814 et de 1815 n'étaient venus lui ménager, au milieu du bouleversement général, le loisir de s'adonner aux études scientifiques que l'activité de son emploi lui avait à peine donné le temps d'entrevoir et de préparer.

Ses premiers travaux portèrent sur les phénomènes nouveaux que lui présenta la diffraction de la lumière, phénomènes inexplicables par la théorie de l'émission qu'avaient adopté, d'après Newton, le plus grand nombre des savants.

Ces faits s'accordaient au contraire avec la théorie d'Huyghens et d'Euler, *théorie qui attribue les phénomènes lumineux aux vibrations d'un fluide répandu dans l'espace.*

Le mémoire dans lequel sont exposées les premières recherches, — peut-être devrions-nous dire les premières découvertes, — de Fresnel fut présenté en 1815 à l'Académie des sciences.

Les membres chargés de l'examen, furent frappés de la grande similitude qu'ils trouvèrent entre les résultats obtenus par Fresnel et les récents travaux du célèbre savant anglais Thomas Young, travaux entièrement favorables à *la théorie des ondulations* et dont Fresnel, au fond de la province, sans relations avec le monde savant et n'ayant pour se renseigner aucune de ces revues scientifiques devenues depuis si nombreuses, n'avait jamais entendu parler.

Soit que le mémoire du jeune ingénieur eût appelé l'attention de l'Académie sur le sujet choisi et traité par lui, soit que cette attention eût été excitée par les recherches d'Young, toujours est-il que peu de temps après, l'illustre corps savant crut devoir mettre au concours l'examen général des phénomènes de la diffraction.

Fresnel, pendant ce temps, avait continué avec ardeur ses travaux. Il complétait l'ensemble de ses recherches, développait son mémoire et surpassait, dans l'étude de cette question importante, Young lui-même.

En 1819, le prix proposé par l'Académie des sciences lui était décerné à l'unanimité.

Si l'on songe que le 28 décembre 1814, Fresnel, alors à Nyons, écrivait à un de ses amis à Paris : *Je ne sais ce que l'on entend par polarisation de la lumière ; priez M. Mérimée, mon oncle, de m'envoyer les ouvrages dans lesquels je pourrai l'appren-*

dre (1), on est profondément frappé de la facilité
du travail, ou plutôt de la merveilleuse intuition
possédée par le jeune savant qui, après s'être placé
en moins de huit mois à la tête des physiciens de
l'époque, devait, avec une rapidité qui semble tenir
du prodige, étudier sous toutes leurs faces des matières aussi importantes et en tirer, non seulement
un système nouveau, mais encore toutes les applications dont ce système est susceptible.

III

En 1815, à son retour à Paris, Fresnel avait eu
l'heureuse fortune d'entrer en relation avec Arago.
L'ardeur de cet illustre savant pour tout ce qui
intéressait le progrès des sciences commença cette
liaison que vint bientôt cimenter une singulière
communauté d'études, et de goûts.

Fresnel dut à cette amitié la prompte extension
de ses découvertes et peut-être le développement même qu'il leur donna. Modeste, timide,

---

(1) On entend par *polarisation* la modification subie par la
lumière qui, réfléchie ou réfractée dans certaines conditions,
cesse de pouvoir être réfléchie ou réfractée de nouveau.

très défiant de lui-même, il lui fallait pour confident de ses travaux un homme capable de les apprécier, de l'y encourager et avec lequel surtout il pût s'épancher sans réserve.

Il trouva tout cela en Arago, qui fut pour lui un protecteur, un ami, toujours prêt à lui procurer les moyens d'investigations dont il pouvait avoir besoin, à lui aider à élucider une question difficile, à lui aplanir les obstacles et à placer au grand jour ses découvertes ; en un mot à mettre son génie en évidence et à le lui révéler à lui-même.

Une autre influence heureuse vint à cette époque, faciliter les voies à ce génie encore naissant. M. Becquey, directeur général des ponts et chaussées, aussi distingué par son savoir et son rare talent d'administrateur que par ses qualités privées et notamment par l'appui qu'il aimait à prêter aux jeunes ingénieurs de talent, prit, à première vue, Fresnel en affection.

Cette affection se doubla bientôt d'une profonde estime et d'une sincère admiration.

« C'est une lampe qu'il faut se garder de tenir sous le boisseau », dit-il à des amis du jeune physicien qui sollicitaient un emploi pour lui.

Au lieu de l'envoyer en province, comme Augustin et sa famille s'y attendaient, il le fixa à Paris en se préoccupant de lui procurer les moyens de continuer ses travaux scientifiques.

Ainsi, non seulement « la lampe » ne s'éteignit pas, mais, en parlant sans métaphore, à sa lumière s'en allumèrent des centaines, des milliers d'autres qui rayonnèrent et rayonnent encore avec une clarté incomparable.

Que de vies ont été sauvées; que de richesses ont été arrachées au naufrage ; que de regards ont été réjouis et de terreurs dissipées par ces phares puissants que nul, avant Fresnel, n'eût osé imaginer!

Comme c'est par ce point que le savant physicien se rattache au sujet que nous traitons, le lecteur comprendra que nous en fassions l'objet d'un paragraphe spécial et il nous permettra de passer rapidement sur ce que Fresnel a fait pour déduire du principe unique et fécond, dont il a incontestablement prouvé l'existence, les phénomènes de la lumière qui, dans la théorie de l'émission, exigeaient chacun une hypothèse particulière, nous dirons seulement qu'à l'aide de ce principe se trouvèrent expliquées la *diffraction*, *l'inflexion*, *la réflexion*, *la polarisation*, *la réfraction*, *la double réfraction*, etc., de sorte que tous ces phénomènes jusqu'alors regardés, en grande partie, comme indépendants les uns des autres forment, dans la théorie de Fresnel, un système où tout est lié par les considérations mécaniques les plus simples.

Des services aussi remarquables, rendus à la fois à la science et à l'humanité, valurent à leur auteur d'être admis en 1819 à la Société philomatique ; en 1825, à l'Académie des sciences à l'unanimité des suffrages, honneur que peu de savants avaient obtenu avant lui, et la même année à la Société royale de Londres. En 1827 enfin, il obtint le prix fondé dans cette dernière société par M. de Rumford, pour la plus belle découverte sur la théorie de la chaleur et de la lumière.

Fresnel qui, à cette époque, touchait à peine à sa

quarantième année, reçut cette médaille des mains d'Arago.

Déjà malade de l'affection de poitrine qui devait bientôt après l'emporter, il accueillit ce dernier hommage, cette dernière joie avec la douceur résignée qui lui était propre.

— Je vous remercie, dit-il à son illustre ami, d'avoir accepté cette mission ; elle a dû vous coûter, car la plus belle couronne est peu de chose quand c'est si près d'une tombe qu'il faut la déposer !

Un excès de travail avait achevé d'user avant l'âge un tempérament naturellement délicat. Sa vie, d'ailleurs, avait été si bien remplie qu'avec plusieurs savants, ses contemporains, il eût pu se flatter d'avoir vécu double.

Tandis, en effet, qu'il se livrait à de savantes recherches et à d'ingénieuses applications, il trouvait encore moyen de faire face à d'autres occupations.

Attaché pendant plusieurs années au cadastre du pavé de Paris, il s'acquitta de ce service pénible et si en dehors du courant ordinaire de ses pensées et de ses études, avec la scrupuleuse exactitude qu'il apportait à tout ce qui, de près ou de loin, touchait pour lui au devoir.

Il avait été nommé en 1821, examinateur de physique et de géométrie descriptive à l'École polytechnique, fonction qu'avait remplie plusieurs années auparavant, Malus, célèbre comme lui par des découvertes sur la lumière et dont devait le rapprocher encore la douloureuse conformité d'une mort prématurée, amenée par les mêmes circonstances, à seize ans de distance, et adoucie à la dernière heure, pour tous les deux, par le prix Rumford.

Fresnel portait à un trop haut degré l'amour du pays et la passion de la science pour ne pas sentir l'importance de la mission qui lui était confiée. Aussi y appliqua-t-il toutes ses facultés, *plus que ses facultés*. Ce fut en effet, à la suite d'un examen à l'École polytechnique, en 1824, qu'il éprouva les symptômes alarmants d'un complet épuisement.

A partir de ce moment, il fut toujours languissant et après plusieurs crises aiguës qui le laissaient de plus en plus faible, il s'éteignit entre les bras d'une famille qu'il chérissait et dont il faisait le bonheur et la gloire.

Un ami bien cher, témoin de ses derniers moments, dépositaire de ses dernières paroles, a rendu hommage à la force d'àme avec laquelle il accueillit non seulement la mort, mais, ce qui lui était mille fois plus sensible, l'interruption de plusieurs découvertes qu'il avait préparées, ébauchées et dont il espérait tirer des applications utiles.

« Souvent, dit cet ami (1), dans les derniers jours de sa vie, il me répétait avec une douloureuse résignation : *Que de choses j'aurais encore à faire !*

« Quelque mois avant sa mort, nous fîmes ensemble un long voyage pendant lequel m'a été donnée la jouissance la plus vive, celle de longs et familiers entretiens, avec un ami d'une àme et d'un esprit supérieurs. Quelle finesse et quelle justesse de jugement sur les sujets les plus divers et les plus impor-

(1) M. Duleau.

tants, sur l'éducation, sur l'administration publique, sur tout ce qui se présentait à nous! Quelle liberté d'esprit et quelle gaîté douce, malgré les souffrances auxquelles il était déjà en proie! Il semblait qu'il se reprochait de les laisser apercevoir à ceux qui l'entouraient.

« Il a vu approcher sa fin avec les sentiments d'un homme qui, ayant été initié plus avant que ses semblables dans le secret des merveilles de la nature, était profondément pénétré de la bonté et de la puissance infinies de leur auteur. Les services qu'il rendait aux sciences par ses observations, les applications utiles qu'il en a faites n'étaient, à ses yeux, que l'accomplissement d'une mission qu'il estimait obligatoire. C'était seulement par la pratique des vertus les plus touchantes qu'il pensait pouvoir s'acquitter envers l'humanité et satisfaire sa conscience. »

Heureux l'homme à qui on peut rendre un aussi glorieux témoignage (1)!

(1) Fresnel est mort à Ville-d'Avray, le 14 juillet 1837.

III

Il est temps d'aborder la question que nous avons
réservée et qui doit surtout nous préoccuper : l'invention et la construction des phares lenticulaires.

Appelé en 1829, à faire partie de la commission
des phares et chargé, conjointement avec Arago et
Mathieu, des expériences relatives à l'éclairage de
nos côtes, Fresnel songea dès l'abord, à substituer
de grandes lentilles de verre aux réflecteurs parabo-
liques.

Cette idée avait déjà été émise en Angleterre, où
son application n'avait pas réussi à cause de l'é-
paisseur forcée du verre, dans une lentille de grande
dimension.

Buffon avait, il est vrai, imaginé de diviser la surface convexe d'une lentille en plusieurs zones annulaires, en déplaçant chacune d'elles parallèlement à
l'axe, de manière à ce que les anneaux n'eussent
plus qu'une faible épaisseur ; mais comme il suppo-
sait cette surface à échelons travaillée dans un
même morceau de verre, son exécution offrait des
difficultés presque insurmontables.

Fresnel à qui la même idée s'offrit, trouva ce que
personne n'avait imaginé avant lui, bien que maintenant qu'il est résolu, le problème puisse nous
paraître des plus simples : il fit exécuter séparé-

ment les anneaux d'une même lentille à échelons. Cette division lui permit de corriger l'aberration de sphéricité qui s'était produite dans les précédents essais, en donnant à la surface de chacun des anneaux une courbure convenable (1).

Les lentilles ainsi perfectionnées, transmettent neuf dixièmes des rayons incidents, tandis que les réflecteurs n'en renvoient que la moitié. Elles dispersent la lumière beaucoup moins que les surfaces réfléchissantes qui, sur une grande partie de leur étendue, se trouvent trop rapprochées du corps éclairant, relativement à son volume. A l'aide d'un système de lentilles enveloppant le corps éclairant, Fresnel parvint à utiliser la plupart des rayons de la lumière centrale, résultat impossible à obtenir au moyen des réflecteurs.

Ici venait se poser un nouveau problème : la flamme centrale de ce système polygonal des lentilles devait être à la fois vive et resserrée.

Arago et Fresnel se réunirent pour en chercher la solution qu'ils trouvèrent en suivant l'idée de Rumfort sur les becs multiples et en faisant disparaître les graves inconvénients de l'élévation de température, par l'application de l'ingénieuse invention de Carcel, qui consiste à abreuver les mèches d'une quantité d'huile très surabondante.

Un phare tournant de premier ordre, composé de huit grandes lentilles disposées en prisme octogonal,

---

(1) Cette courbure, dont les deux rayons diffèrent et qui est du genre de celles que les géomètres appellent *annulaires*, a exigé l'invention de moyens particuliers d'exécution.

fut le coup d'essai de Fresnel. Cet appareil équivalait, pour l'effet total, à vingt-quatre des plus grands réflecteurs jusqu'alors employés.

Le succès fut immense. En 1825, un phare de cette espèce était établi à l'entrée de la Gironde, sur la tour de Cordouan , pendant que deux petits phares, à feux fixes, composés de lentilles cylindriques, étaient placés l'un à la pointe de Graves, l'autre à Dunkerque.

Ces trois phares faisaient partie d'un système d'éclairage des côtes de France, aujourd'hui complètement exécuté.

Telle est l'œuvre imaginée par Fresnel, commencée par lui et achevée d'après son système! Peu d'hommes, peu de savants ont doté leur pays, ou plutôt l'humanité tout entière, d'une œuvre plus merveilleuse, plus utile, plus durable.

Que l'électricité parvienne, ainsi qu'il y a lieu de l'espérer, à substituer sa puissante lumière, rivale de celle du soleil, à l'éclairage à l'huile des phares lenticulaires, l'œuvre de Fresnel n'en sera pas amoindrie; on pourra la remplacer, on ne l'oubliera pas ; les appareils lenticulaires d'ailleurs ne s'appliquent pas seulement à l'éclairage des phares, ils ont été utilisés pour une foule d'usages.

IV

Après avoir fait connaître le savant physicien et son œuvre, relativement au sujet si important et si peu étudié de l'éclairage public, c'est-à-dire de cette précieuse conquête de la lumière sur les ténèbres qui permet à l'homme de doubler en quelque sorte sa vie ; qui lui permet d'éviter une foule de périls et de se soustraire à une plus grande somme encore de craintes et de terreurs, nous croyons devoir terminer cette partie de notre travail par quelques détails sur l'application de la lumière électrique aux phares.

Cette question est depuis longtemps à l'étude. De 1848 à 1857, de nombreuses expériences se sont succédé à cet effet, au *Musée des phares*. On cherchait à utiliser la pile voltaïque, la seule dont on disposât au début des expériences ; mais si ce genre d'appareil fournissait un axe lumineux suffisant, la discontinuité du courant amenait des extinctions qui rendaient l'emploi des piles impossible.

« On en était là, lorsque le physicien Faraday découvrit les courants d'induction et permit ainsi de reprendre des expériences auxquelles on semblait avoir définitivement renoncé.

« Deux ans après cette découverte (1859), le nouvel appareil était employé en Angleterre, à l'éclairage du phare de South-Foreland (1). »

En 1865 seulement, ce système fut introduit en France. Sa première application fut faite au phare de la Hève avec un succès qui surpassa l'attente générale et bientôt il fut décidé que la lumière électrique serait employée presque partout où « la dimension des phares permettrait d'installer les appareils électro-magnétiques et toutes les provisions d'eau et de charbon nécessaires au fonctionnement des machines à vapeur qui les mettent en mouvement (2) ».

Aujourd'hui que l'éclairage électrique est entré dans une voie de simplification qui est sur le point de le rendre applicable aux emplois les plus usuels, il est permis d'espérer que cette simplification dans la mise en pratique, en faisant disparaître cet énorme matériel, permettra d'adapter la lumière électrique à tous les phares.

L'invention de Fresnel perdra-t-elle pour cela sa valeur et le nom de l'inventeur sa juste popularité ?

Nous ne le pensons pas. Le système lenticulaire continuera à être applicable à une foule d'usages im-

(1) Larousse, *Dictionnaire universel*.
(2) « L'appareil de la Hève se compose de machines électriques à six disques chacune et mises en mouvement par deux machines à vapeur. Les courants qu'elles font naître se rendent par des câbles conducteurs aux régulateurs des lampes électriques destinées comme on sait, à maintenir les charbons à une distance constante, afin que l'arc lumineux conserve la même dimension et qu'il ne puisse se produire entre les charbons qui s'usent inégalement une distance telle que le courant en soit interrompu. »

portants ; disparût-il d'ailleurs de la pratique, il n'en
resterait pas moins un des progrès les plus incontes-
tables, une des étapes les plus importantes de la
marche ascendante de l'art de l'éclairage à notre
époque.

V

La question des phares, en nous faisant remonter
aux temps les plus reculés, nous a remis en mémoire
une autre sorte de feux, qui s'ils n'étaient pas destinés à l'éclairage, n'en jouaient pas moins un rôle
considérable dans l'histoire maritime des anciens.

Nous voulons parler de ces flammes inextingui-
bles qui, sous le nom de feu grégeois, étaient un
des plus puissants engins de destruction employés
dans les rencontres navales.

Le secret de ces sortes de feux, longtemps perdu,
a été retrouvé seulement à notre époque, et c'est aux
recherches auxquelles ont donné lieu les travaux
entrepris pour améliorer l'éclairage public et privé,
c'est aux essais faits pour trouver de nouvelles
matières éclairantes, que ces résultats ont été dus.

Sous ce titre : le *feu liquide*, un chimiste éminent dont nous aurons occasion un peu plus loin

de reproduire les appréciations, au sujet de M. Braconnat et de l'acide stéarique, présentait, en 1867, au congrès des sociétés savantes, un mémoire du plus haut intérêt sur les composés liquides susceptibles de s'enflammer spontanément.

En voici les points principaux ; nous laissons parler M. Nicklès lui-même :

« Le phospore, dit-il (1), se dissout dans le sulfure de carbone à peu près comme le sucre dans l'eau. Le liquide dissout dix-huit fois son poids de phosphore. La dissolution forme un liquide extrêmement inflammable. Que l'on trempe du bois dans ce mélange, le sulfure de carbone s'évapore et laisse une couche de phospore qui prend feu et enflamme le bois.

« Cette composition avait été proposée en 1854 pour les feux de guerre, sous le nom de *feu grégeois liquide*. Pendant la guerre d'Amérique on s'en est servi souvent sous le nom de *feu fénian* qui lui est resté.

« La dissolution du phosphore dans le sulfure de carbone avait été proposée aussi en 1862 pour tracer sur le papier des caractères indélébiles. La fibre du papier était attaquée et les caractères ne pouvaient plus être altérés. On a appliqué plus récemment cette dissolution à la fabrication des allumettes chimiques. On emploie moins de phosphore par cette nouvelle méthode et l'allumette s'enflamme aussi bien.

____

(1) M. Nicklès, professeur au collège de Nancy, est mort dans cette ville à la fin de mars 1869.

« La composition précédente prend feu lorsqu'on verse le liquide sur une surface quelconque facilitant l'évaporation.

« M. Nicklès a découvert la composition suivante, plus singulière encore. C'est en effet un liquide qui ne prend feu que lorsque l'on verse dedans quelques gouttes d'un autre liquide.

« Mêlez du chlorure de soufre du commerce avec du sulfure tenant du phosphore en dissolution, vous obtiendrez un liquide jaune, fumant à l'air et se conservant indéfiniment en vase clos. Mais si l'on vient à laisser tomber dans le liquide quelques gouttes d'ammoniaque, aussitôt il se manifeste une vive conflagration accompagnée d'une flamme intense et volumineuse. On observe un jet de flamme bientôt remplacé par une combustion régulière dont le soufre et le phosphore font les principaux frais. Deux ou trois centimètres cubes de liquide suffisent pour engendrer un jet de un mètre de hauteur.

« M. Nicklès désignait sous le nom de *feu Lorain* ce feu nouveau dont l'ammoniaque semble être l'amorce. Il recommandait de ne s'en servir que par très petites quantités et de faire l'expérience en plein air à cause des nombreuses vapeurs qui se dégagent. Il va sans dire que l'ammoniaque doit être versée à l'aide d'une baguette plus ou moins longue, dans la dissolution phosphorée.

« On voit très bien, sans qu'il soit utile d'insister, la différence essentielle qui existe entre ces feux de la chimie moderne et les feux de l'antiquité, feu romain, feu mède, dérivés du célèbre agent des-

tructeur que Joinville a fait connaître en Europe
sous le nom générique de feu grégeois.

« Ces anciennes compositions n'étaient guère
constituées que par les éléments de notre poudre
actuelle mêlés à des substances très inflammables,
résines, goudrons, etc., ou simplement par du soufre
associé au pétrole. Dans tous les cas il fallait le
contact d'une flamme ou d'un corps en ignition pour
les faire brûler. Les composés modernes, au contraire, peuvent prendre feu spontanément, au gré
du chimiste.

« Aux deux compositions que nous avons citées,
il convient d'en ajouter quelques autres.

« Un auteur qui a conservé l'anonyme proposa,
en 1854, un feu basé sur la réaction bien connue qui
se produit quand on verse de l'acide azotique dans
de l'essence de térébenthine. La combustion a lieu
aussitôt et avec une grande violence.

« M. le commandant Niepce de Saint-Victor re-
commanda à peu près à la même époque, sous le
nom de nouveau *feu grégeois*, la benzine avec un peu
de potassium. Il suffisait de jeter une fiole à moitié
pleine de bénzine et contenant un globule de potassium dans un bassin. D'un coup de gaule, on cassait
la fiole ; au contact de l'eau le potassium s'enflam-
mait et communiquait le feu à l'hydrocarbure. On
avait alors le curieux spectacle d'un bassin d'eau
couvert de flammes.

« M. Fontaine, dont le nom rappellera longtemps
la déplorable catastrophe de la Sorbonne, avait proposé de remplacer le potassium assez cher par le
phosphore de calcium, beaucoup meilleur marché.

On conçoit la puissance d'une pareille composition et le parti qu'on pourrait en tirer pour incendier une flottille..... Espérons, pour l'honneur de l'humanité, que nous n'aurons jamais à griller ainsi notre prochain et que les nouveaux feux grégeois ne sortiront pas du laboratoire (1). »

(1) Henri de Parville, *Causeries scientifiques.*

I

ARGAND (AIMÉ)
(1803.)

I.e dix-huitième siècle touchait presque à son terme et en fait d'éclairage, le monde civilisé en était exactement, ainsi que nous l'avons dit dans notre introduction, au même point que les anciens.

Quelques essais d'amélioration, il est vrai, avaient été faits pour les lampes ; mais, ou ces essais n'avaient pas réussi, ou l'augmentation de la clarté, la diminution de la fumée et de la mauvaise odeur étaient si peu sensibles qu'on ne pouvait décorer du nom de progrès les modifications introduites, par ces essais, dans l'éclairage.

L'attention, toutefois, était dirigée de ce côté, ainsi qu'on l'a vu par la persistance de Philippe Lebon à chercher et à introduire dans un art jusque-là dédaigné par les savants, un agent nouveau et puissant qu'on pût économiquement substituer à l'huile et à la graisse.

Or, pendant que l'habile ingénieur préparait ainsi une révolution inattendue dans l'art qui nous oc—

cupe ; un Genevois, physicien et chimiste distingué, imaginait non pas de transformer complètement les systèmes anciens, et moins encore de les supprimer, mais tout simplement d'améliorer un d'entre eux.

Il tenta l'entreprise et il y réussit, bien que dans la nomenclature des appareils d'éclairage rien ne vienne rappeler son nom, réveiller son souvenir : les lampes imaginées par lui portent le nom de *quinquets*, au lieu d'être appelées des *argands*. Il y aurait lieu de s'étonner de ce déni de justice si Aimé Argand était le premier qui eût vu donner à sa découverte le nom d'un autre, mais sans remonter plus haut dans le passé, combien d'hommes de génie, de bienfaiteurs de l'humanité ont été depuis Christophe Colomb, victimes d'une semblable spoliation !

Le savant physicien qui eut l'ingénieuse idée d'établir une lampe à double courant d'air et à réservoir supérieur au bec, à cheminée de verre et à mèche tissée en forme de cylindre creux, système qui supprimait la fumée en convertissant en lumière les matières qui la produisaient; cet habile inventeur ne fait donc malheureusement pas exception dans l'histoire des découvertes.

Ce fut vers 1782, que parut en Angleterre la première des lampes construites par Argand.

Ce nouveau système fut accueilli avec la faveur qu'il méritait. Argand jouissait donc sinon paisiblement, du moins glorieusement de son succès et était en voie de faire fortune, s'il faut en croire les réclamations portées devant le banc du roi, par la corporation des cristalliers de Londres, lesquels pré tendaient que la vogue des lampes d'Argand et surtout le privilège accordé à celui-ci ruinaient une branche importante de leur industrie.

Mais ce privilège que des rivaux puissants s'efforçaient sans y parvenir, de faire annuler, ne couvrait pas si bien la propriété d'Argand, que ses droits et ses intérêts ne se trouvassent tout à coup sérieusement menacés.

Un industriel français, Ambroise-Bonaventure Lange, distillateur du roi à Paris, physicien et mécanicien à ses heures de loisir, ayant eu connaissance du système d'Argand, se procura une de ses lampes, la perfectionna en resserrant la cheminée de verre près de la flamme, ce qui rendait la lumière encore plus unie et plus éclatante et la présenta ensuite à l'Académie des sciences, comme étant son invention propre.

La lampe fut examinée et les commissaires Brisson et Lemonnier ayant déclaré « qu'une seule de ces lampes éclairait autant que vingt bougies qui seraient réunies », les gazettes du temps prônèrent fort la nouvelle découverte que l'opinion publique, tout d'abord, sembla prendre sous sa protection.

Ce triomphe de Lange fit assez de bruit pour que l'écho en arrivât bientôt en Angleterre. Argand en eut connaissance, et convaincu par la description de l'appareil que ce n'était point une invention analogue à la sienne, mais celle-ci elle-même, il n'hésita pas à passer la Manche et à venir réclamer son titre et ses droits d'inventeur.

Il trouva Lange résolu à la lutte, bien appuyé et

dans une position de fortune qui lui permettait de
faire face à un procès, pour si long et si coûteux
qu'il fût, et il eut le bon esprit de proposer ou d'accepter, — l'histoire ne dit pas lequel des deux
adversaires se montra conciliant le premier, — il
eut le bon esprit, disons-nous, de consentir à une
transaction qui, par un acte d'association en bonne
et due forme, partagea entre eux le mérite et les
profits de la découverte.

II

C'est donc à ce titre d'associés et en communauté
de nom, c'est-à-dire sous la raison sociale Argand
et Lange, que leur furent délivrées le 5 janvier 1787,
des lettres patentes portant *permission exclusive
de fabriquer et vendre, dans tout le royaume, des
lampes de leur invention pendant quinze ans.*

« On lit dans le considérant de ces lettres patentes
« qu'ils sont inventeurs d'une lampe appelée « *à che-*
« *minée de verre et à courant d'air,* qui réunit le
« double avantage qu'il ne s'y forme aucune espèce
« de fumée et que la matière qui devrait produire
« cette fumée est convertie en lumière, laquelle par

« cette raison, se trouve considérablement augmen-
« tée ; que les premiers essais de cette lampe ayant
« été communiqués le 15 août 1785 par le sieur
« Aimé Argand, au feu sieur Macquer, cet académi-
« cien en rendit les témoignages les plus favorables
« ainsi qu'il résulte du rapport qui fut fait le 26 du
« même mois ; que postérieurement, Argand, étant
« en Angleterre, a complété cette lampe en ajou-
« tant au courant d'air introduit dans l'intérieur de
« la mèche, une cheminée de verre qui, environ-
« nant ladite mèche à une distance considérable,
« s'échauffant et concentrant la chaleur, augmente
« le courant d'air intérieur et en occasionne un à
« l'extérieur de la mèche, ce qui achève de détruire
« la fumée en la convertissant en flamme. »

Il serait difficile de contester que le titre d'inventeur ne soit, par cette pièce, officiellement attestée à Argand, non seulement pour le *double courant d'air*, mais pour la *cheminée de verre*. Le
gouvernement constate en outre, et établit que le
savant chimiste Macquer l'avait reconnu et constaté
avant lui. De plus, dans un autre paragraphe du
même document, il est dit que « les privilèges qui
« sont généralement odieux quand ils portent sur
« des objets de première nécessité et ne sont point
« le fruit du talent, *cessent d'être tels lorsqu'ils
« sont accordés à l'invention* ».

Cette phrase contenait, contre la suppression totale
de toute espèce de privilèges que la révolution allait
bientôt décréter, une sorte de protestation anticipée
qui mérite d'être remarquée ; elle établit, en effet,
en faveur de la propriété littéraire, artistique et

industrielle, une réserve que nos législateurs, du reste, devaient bientôt reconnaître et rétablir.

Ce rétablissement n'eut malheureusement pas lieu assez tôt pour sauvegarder les intérêts des deux associés.

Les ferblantiers de Paris qui, à l'exemple des cristalliers de Londres, avaient réclamé avec insistance contre le brevet des inventeurs de la nouvelle lampe, s'empressèrent de mettre à profit la liberté d'imitation qui leur était acquise, et, non seulement Argand se trouva ainsi frustré de sa découverte, mais l'honneur même lui en fut ravi : Quinquet, qui avait ajouté quelques formes nouvelles *aux lampes à double courant d'air, et à cheminée de verre,* leur donna son nom et Argand put dire comme Virgile et tant d'autres : « *sic vos non vobis.* »

Cruellement frappé ainsi dans ses intérêts pécuniaires et dans son légitime orgueil d'inventeur, Argand ne se sentit plus la force de résistance suffisante pour entreprendre une nouvelle lutte. Il quitta la France et se retira, d'abord à Londres, où il ne rencontra ni l'appui, ni les sympathies sur lesquels il comptait, et ensuite à Genève, où il succomba au chagrin le 24 octobre 1803 (1).

Physicien et chimiste distingué, il avait, en outre de l'heureuse révolution apportée dans les arts, dans l'industrie et surtout dans les usages de la vie

---

(1) Les biographes d'Argand n'indiquent pas l'année de sa naissance ; ils se bornent à dire qu'il mourut jeune. Il n'était pas marié ; un de ses frères, conseiller de préfecture dans le département du Léman, y remplissait les fonctions de secrétaire général lors de la chute de l'empire, en 1814.

domestique par ses appareils d'éclairage, enrichi l'industrie vignicole de procédés utiles pour améliorer les vins et pour les dégeler sans qu'ils perdent rien de leur qualité.

Sa fin fut misérable : la misanthropie qui s'était emparée de lui, au retrait de son brevet, le conduisit à chercher dans les sciences occultes une sorte de compensation aux déceptions qui avaient marqué sa vie. Il s'occupa d'alchimie avec passion, et prenant, pour des inspirations et des visions les rêveries de son cerveau malade, il se crut sur la voie du but par excellence, que se proposait le grand œuvre : l'élixir d'immortalité ! « On le voyait « pendant les dernières années de sa vie, errer « dans les cimetières pour y recueillir les osse- « ments et la poudre des tombeaux qu'il soumettait « ensuite à des procédés chimiques, cherchant ainsi, « dans la mort, le secret de prolonger la vie. »

I

CARCEL (BAPTISTE-GUILLAUME)
(1757-1812.)

Dans le quinquet et les lampes construites sur le principe du *vase de Mariotte ou à niveau constant*, le réservoir d'huile est placé à un niveau supérieur au bec où s'effectue la combustion. Cette disposition a l'inconvénient de projeter l'ombre provenant du réservoir placé latéralement.

Divers essais furent entrepris au début de notre siècle pour faire disparaître ce défaut. Le problème avait été jusque-là assez imparfaitement résolu lorsque Carcel, horloger à Paris, inventa, en 1800, l'admirable lampe qui porte son nom.

Pour éviter toute projection d'ombre, éclairer circulairement toutes les parties d'un appartement, et, en même temps, pour alimenter d'huile, d'une manière continue la mèche où s'accomplit la combustion, Carcel plaça le réservoir d'huile à la partie inférieure de la lampe et provoqua l'ascension de l'huile jusqu'à la mèche, par un mécanisme d'horlogerie qui, faisant mouvoir une petite pompe foulante, élève l'huile dans un tube vertical et la conduit jusqu'au feu.

Au moyen d'une clef, on tend le ressort du mouvement d'horlogerie.

La lampe Carcel est la seule de toutes les lampes que l'on puisse appeler parfaite. Encore très répandue de nos jours et n'ayant reçu que des perfectionnements très secondaires, elle est restée pour son inventeur, mort en 1812, un titre de gloire que nul n'a à partager avec lui ; tandis, au contraire, que les inventeurs de tous les autres systèmes, y compris les lampes à essence et à pétrole, projetant leur lumière par un tube vertical surélevé au-dessus du réservoir contenant la matière combustible, lui sont redevables tout au moins de l'idée de cette disposition.

Comment se fait-il que l'auteur d'une aussi importante révolution dans l'art si utile de l'éclairage, art qui s'impose forcément, non seulement à chaque famille, mais à chaque individu, ait laissé si peu de traces, — ou pour mieux parler, soit si complètement tombé dans l'oubli que, à moins d'un siècle de distance, nous n'ayons pu nous procurer des renseignements précis et détaillés à son sujet qu'à force de recherches, et en nous livrant, en quelque sorte, à une minutieuse enquête.

Son nom ne figure dans aucun dictionnaire historique, dans aucun recueil biographique ; à peine, dans les différents travaux sur l'art de l'éclairage, est-il mentionné à propos de la lampe à laquelle il est resté attaché, lampe au sujet de laquelle on entre dans une foule de détails techniques sans accorder la

moindre attention à l'habile et infatigable chercheur
à qui on la doit. Nul ne s'est préoccupé du caractère
et des habitudes de ce persévérant artiste, sauf cependant M. Louis Figuier qui, dans les *Merveilles
de la science*, soulève un coin du voile derrière lequel est demeurée soigneusement cachée une indivi-
dualité d'autant plus curieuse à étudier qu'elle nous
offre un des derniers types de cette antique bourgeoisie parisienne, si simple dans ses mœurs, si
loyale, si intelligente, si laborieuse, et dont le génie
modeste a doté la France de ces mille industries,
plus ou moins importantes, mais toujours ingénieuses qui sous le nom connu jusqu'aux extrémités du monde « *d'articles de Paris* » figurent,
pour une si large part, dans notre commerce d'ex-
portation.

C'est à cette petite bourgeoisie, divisée en corporations, dont les membres rivalisaient entre eux de
probité aussi bien que d'habileté, que Paris a dû
son incontestable supériorité industrielle et commerciale, en même temps que sa légitime renommée
de loyauté et d'honneur.

Ces traits caractéristiques d'une classe de la société parisienne aujourd'hui complètement modi-
fiée, se retrouvent nettement dessinés dans l'intéressante et sympathique figure de l'inventeur des
lampes à mouvement d'horlogerie.

II

Il était d'usage à l'époque où naquit Guillaume Carcel, d'élever les enfants de façon à les porter naturellement et sans avoir à exercer plus tard aucune espèce de pression sur leurs goûts et leur volonté, à suivre la carrière dans laquelle leur père, leur grand-père et, avant ceux-ci, plusieurs générations d'ancêtres, avaient acquis l'expérience de l'art qu'ils pratiquaient, et réuni, à propos de cet art, toute une suite de procédés qui leur étaient propres, « de secrets » comme on disait alors, qu'ils se transmettaient comme la partie la plus précieuse de l'héritage de famille.

Non seulement Guillaume Carcel, mais ses frères se montrèrent fidèles à cet usage. Un de ceux-ci mort il y a peu d'années, entré fort jeune dans la maison Bréguet, y a travaillé une partie de sa vie et y a laissé les meilleurs souvenirs.

Quant à Guillaume, qui était l'aîné, il ne quitta point, que nous sachions, la maison de son père : il était destiné à lui succéder et il lui succéda en effet.

C'était un garçon doux, rangé, laborieux, un peu concentré en lui-même, ce qui lui valait parfois une remontrance de ses parents, et bien plus souvent les railleries de ses camarades.

A quoi songeait-il pendant ces rêveries qui alarmaient sa mère et intriguaient ses amis ? — Possédé déjà du génie de l'invention, il cherchait, tantôt à améliorer son art, tantôt à appliquer, à quelque usage nouveau, les milles rouages qui mettent une montre ou une horloge en mouvement.

Sachant que l'horlogerie n'a pas seulement pour objet de fabriquer des appareils destinés à mesurer le temps, mais qu'une de ses branches les plus importantes s'applique à la construction des instruments de précision, il se demandait s'il n'était pas possible de lui trouver d'autres applications.

— Lesquelles ? Il ne savait point encore, mais il réfléchissait, il étudiait, il cherchait !...

Exact, consciencieux et passé maître dans son art, il avait succédé à son père, dans la modeste boutique de la rue de l'Arbre-Sec, au-dessus de laquelle on voit encore son nom, et où le troisième de ses successeurs continue à fabriquer et à vendre les lampes inventées par lui (1). Il s'était marié et jouissait de la meilleure réputation, tant au point de vue professionnel que sous le rapport de ses vertus privées. Sa femme était une de ces ménagères actives, économes, industrieuses, qui savent tirer parti de tout et entretenir dans leur intérieur, avec les plus modestes ressources, l'aisance et le bien-être. Et cependant le ménage ne s'enrichissait pas.

Le bon sens, un peu terre à terre peut-être, de Mme Carcel ne tarda pas à lui démontrer que ce

(1) Rue de l'Arbre-Sec, 18.

statu quo dans les affaires provenait tout simplement de la fureur d'innover qui, chaque jour, s'emparait davantage de l'esprit de son mari.

Alors, dans cet intérieur si uni, si paisible, qu'animait et réjouissait de sa présence une unique enfant, une petite fille, s'introduisit un ferment, sinon de discorde, du moins de mauvaise humeur et de gronderies presque incessantes.

Doux et presque soumis envers sa femme, qui régnait en souveraine au logis, Guillaume supportait patiemment ses reproches ; peut-être même en tenait-il sincèrement compte et se promettait-il, à chaque boutade nouvelle, de s'amender et d'abandonner « ses chimères » pour s'adonner exclusivement à la fabrication et au raccommodage des montres et des pendules, travaux qui remplissaient la caisse au lieu de la vider comme le faisaient tous ces essais qui, « affirmait sa femme, ne servaient à rien, sinon à perdre toute espèce de matériaux qu'il serait si facile d'utiliser ! » Mais à peine assis devant son établi, il voyait le démon de l'invention surgir devant lui ; il l'entendait lui souffler à l'oreille toutes espèces de suggestion et, fasciné, ébloui, il reprenait l'œuvre ébauchée ; si, poussé par une commande pressée, il se mettait à ce que sa femme appelait « son travail » son esprit était ailleurs et sa main distraite commettait parfois quelque bévue qu'il lui fallait de longues heures pour réparer.

Ne comprenant pas qu'un si habile ouvrier pût faire si peu, et parfois de si triste besogne, Mme Carcel devenait de plus en plus irritable et l'honnête ménage de la rue de l'Arbre-Sec pouvait rappeler celui de plus d'un inventeur opiniâtre et notamment du célèbre Bernard Palissy.

A deux ou trois reprises, une invention ou une amélioration dans quelque branche de l'horlogerie, en attirant l'attention et l'admiration publique, vint calmer ce mécontentement constant ; mais comme chacun de ces succès amena plus d'admirateurs, plus d'honneur que de profits, les accalmies dans le ménage furent courtes (1).

C'était l'éternelle histoire des nécessités matérielles de la vie se mettant à la traverse des inspirations du génie, et ramenant forcément au terre à terre un esprit tout rempli de conceptions hardies et de recherches ingénieuses.

(1) Parmi ces inventions nous devons citer une pendule dite branlante, parce que le cadran se trouvant dans le balancier est sans cesse en mouvement. Cette pendule a disparu du magasin de Carcel, mais on en voit une semblable à la devanture de l'horloger Détouche, rue Saint-Martin. Cette invention de Carcel, exposée à sa vitrine, fit courir tout Paris.

Il inventa aussi ou plutôt il améliora le système d'un régulateur qui n'a besoin d'être remonté que tous les mois, ce qui, à cette époque, était sans précédents. Ce régulateur est encore dans le magasin de la rue de l'Arbre-Sec et le successeur du célèbre inventeur nous a dit en avoir, à plusieurs reprises, refusé un prix considérable.

III

On sait avec quel enthousiasme les Parisiens accueillent les nouveautés qui parlent à l'imagination et avec quelle rapidité se répand, dans toutes les classes de la société, l'espèce d'engouement que fait naître cet enthousiasme.

On peut donc aisément s'imaginer le bruit que fit la première apparition du gaz d'éclairage essayé par Philippe Lebon. La maison et le jardin de la rue Saint-Dominique devinrent le point d'attraction de toute la population de la grande capitale et il est à supposer que Guillaume Carcel, tout laborieux et sédentaire qu'il fût, ne laissa pas échapper cette occasion, lui si avide d'invention, d'aller admirer une découverte nouvelle.

Quoi qu'il en soit, il nous paraît hors de doute que cette découverte, coïncidant, ou à peu près, avec le procédé trouvé par Thénard, pour transformer les huiles oléagineuses du Nord en un produit comparable à l'huile d'olives sans augmenter notablement leur prix de vente (1) n'ait exercé une in-

(1) « Sans doute, dit un savant auteur en parlant des inconvénients des anciennes lampes, sans doute, il eût été facile d'imaginer des mécanismes qui fissent affluer l'air et l'huile au sommet de la mèche, mais ces combinaisons ne pouvaient

fluence décisive sur la direction que prirent justement à cette époque, les recherches et les travaux
de l'ingénieux horloger de la rue de l'Arbre-Sec.

Jusque-là l'horlogerie proprement dite, c'est-
à-dire la fabrication des pendules et des montres,
avait fait seule travailler cet esprit inventif; mais
à partir de ce moment, il entreprit d'appliquer le
mouvement d'horlogerie à une fabrication qui lui
avait été tout à fait étrangère.

— Quelle était cette industrie qu'il se promettait,
disait-il, de révolutionner ?

Il en gardait soigneusement le secret, se bornant
à répondre à sa femme, à sa fille, à ses amis quand
ils l'interrogeaient :

— Je cherche !... Je trouverai !...

Et famille et amis de hocher la tête en disant,
sinon ouvertement du moins à eux-mêmes, que la
manie de Carcel tournait à la folie.

Peut-être, en présence de tant d'incrédulité, le
pauvre chercheur en fût-il arrivé à douter de lui-
même si sa bonne étoile n'eût placé, juste à côté
de lui, un homme capable de le comprendre, de
l'encourager, de le soutenir moralement, et, au be·
soin, matériellement.

Cet homme, qui occupait la boutique voisine de

avoir d'efficacité qu'avec l'huile d'olives que son prix élevé
excluait de la consommation générale, même dans les pays
de production et à plus forte raison dans le Nord... A partir du moment où le procédé d'épuration inventé par Thénard fut connu, les essais de nos lampistes eurent une base
solide et l'on vit se succéder rapidement les travaux d'Argand, de Carcel, de Franchot, etc., qui nous ont donné d'excel-
lents appareils d'éclairage au moyen de l'huile. » ·

la sienne, était un pharmacien, nommé Carreau ; assez versé en chimie et en mécanique pour s'intéresser aux conceptions de son ami, il n'avait pas eu de peine à devenir son confident et, tout en doutant encore un peu du succès de son entreprise, il ne cessait de le stimuler à en poursuivre l'exécution, tantôt lui donnant un conseil, tantôt lui promettant, en cas de réussite, de lui fournir les fonds nécessaires pour faire de sa découverte une véritable affaire commerciale.

— Ce sera la fortune, disait-il en riant.

— Ce sera la gloire, corrigeait gravement Carcel.

— La gloire soit, reprenait le joyeux pharmacien mais vous n'empêcherez pas, je l'espère, la fortune de lui servir de cortège.

Ces conversations, et d'autres du même genre, avaient lieu dans l'arrière-boutique, où Carcel, qui y avait établi son atelier, profitait de chaque instant dont il pouvait disposer, entre le raccommodage de deux montres, pour travailler à sa première petite machine, montant, démontant, répétant essais sur essais, sans jamais se lasser, et passant bravement les nuits à ce labeur aussi mystérieux que le grand œuvre cherché par les alchimistes des siècles précédents.

Mme Carcel, qui, si elle l'eût osé, eût détruit avec joie le fruit de tant d'heures qu'elle estimait perdues ; de tant de veilles que, dans sa tendresse grondeuse, elle accusait d'achever d'user le tempérament délicat de son mari, ne manquait pas de hausser les épaules, et, à l'occasion même, de lancer une parole piquante quand elle surprenait les conversations des deux amis, « aussi fous l'un que l'autre ! » assurait-elle d'un ton de pitié.

A un certain moment, et sans qu'il fût possible d'en découvrir le motif, Carcel se montra plus absorbé, moins communicatif encore que par le passé. Le soir venu il s'enfermait dans son atelier, dont il ne consentait à ouvrir la porte à personne, pas même à son ami Carreau.

Cinq jours se passèrent ainsi : enfin, le soir du sixième jour, à l'heure où toutes les boutiques du quartier, sauf celle du pharmacien, achevaient de se fermer, il sortit en courant comme un fou de la maison, se précipita chez Carreau et le saisissant au collet.

— Venez, bégaya-t-il d'une voix entrecoupée par l'ivresse de la joie, venez vite !... J'ai trouvé !... Venez.

Carreau, tout ahuri de ces démonstrations et de ce flux de paroles si en dehors des calmes allures et du langage compassé de Carcel, se laissa entraîner jusqu'à la porte de l'arrière-boutique qu'il trouva close comme les jours précédents.

Carcel en poussa vivement la porte :

— Voyez ! s'écria-t-il d'une voix dans laquelle éclatait la joie et le triomphe.

Carreau s'arrête immobile sur le seuil qu'il semble ne pas oser franchir ; l'étonnement, l'admiration le clouent au sol : posée sur son socle de cuivre, la petite colonne, colonne grossièrement ébauchée par Carcel, mais déjà élégante et légère, que Carreau a tant de fois maniée, est couronnée d'une flamme claire, douce, égale, autour de laquelle tous les membres d'une famille peuvent se réunir pour lire, travailler, prendre leur repas sans qu'aucune place reste dans l'ombre, sans qu'aucun œil se fatigue.

Carreau, bien que le mécanisme lui soit connu et que son imagination lui ait représenté bien des fois le résultat cherché, est prêt à crier au miracle. Mme Carcel elle-même, Mme Carcel, la grondeuse ménagère, qui est accourue au bruit, ne songe pas à dissimuler son admiration.

Bientôt, cependant, le scepticisme reprenant le dessus dans son esprit :

— Cette clarté est magnifique, dit-elle, mais qui assure qu'elle ne va pas pâlir et s'éteindre ?

— Moi ! réplique Carcel avec assurance, moi qui en ai fait l'épreuve pendant cinq nuits consécutives, retouchant, réglant chaque rouage et comptant, en quelque sorte par les battements de mon cœur, les gouttes d'huile amenées du réservoir jusqu'à la mèche, par la pompe aspirante et foulante, à laquelle le mouvement d'horlogerie qui lui sert de force motrice ne permettra de s'arrêter que quand je le lui permettrai moi-même.

Et notre inventeur, grandi, transfiguré par le succès, montrait la petite clef qu'il tenait en main : cette clef au moyen de laquelle la lampe pouvait être remontée indéfiniment, absolument comme une pendule.

— Vous avez véritablement conquis la gloire, ami Carcel ; vous avez acquis plus encore, parce que votre place est désormais fixée parmi les hommes réellement utiles. Je me charge d'ajouter à cette légitime célébrité ce qui en rehaussera l'éclat, c'est-à-dire les moyens d'en faire jaillir la fortune... A partir de ce soir notre association commence et demain vous recevrez les fonds nécessaires pour entreprendre la fabrication.

Mme Carcel n'en croyait plus ni ses yeux, ni ses oreilles. Son mari qui vit sa stupéfaction se rapprocha d'elle.

— Me pardonnes-tu maintenant ? lui dit-il doucement.

Elle fondit en larmes et se précipita dans ses bras.

Huit jours après on lisait sur l'enseigne de la boutique :

B.-G. CARCEL,

INVENTEUR DES LYCNOMÈNES OU LAMPES MÉCANIQUES,

FABRIQUE LESDITES LAMPES.

IV

Comme l'avait prédit Carreau, la renommée de Carcel grandit vite et retentit non seulement dans toute la France, mais sur tous les points de l'Europe.

La fortune se montra moins empressée et bien qu'il ne cessât d'apporter des améliorations de détail à ses appareils, — comme mécanisme, on peut dire que sa lampe était née parfaite (1), — notre inventeur, s'il vit beaucoup de curieux affluer devant sa boutique, ne compta que fort peu d'acheteurs.

« Les lampes Carcel, — le public avait fait prompte justice du nom inintelligible de lycnomènes (2) et lui avait substitué très judicieusement le nom de l'inventeur, — les lampes Carcel n'avaient qu'un défaut qui tenait justement à la solidité, à la perfection du travail; elles étaient chères. Or, les guerres de la république, toutes glorieuses qu'elle eussent été, n'avaient enrichi personne en France.... Le pharmacien Carreau, fatigué d'avancer de l'argent en pure perte, s'était retiré de l'association, et Carcel, resté seul, fort découragé et détourné de ses tra-

(1) Parmi ces améliorations, M. Figuier cite l'heureuse idée qu'eut Carcel de rendre le porte-verre emprunté à Argand et que celui-ci avait fait adhérent à la lampe, immobile de manière à faire varier à volonté la situation du verre autour de la flamme et de placer ce verre au point le plus convenable pour le courant d'air et la production de la lumière.

Le même savant ajoute : « Carcel avait tout inventé, tout innové, l'idée d'appliquer le mouvement d'horlogerie à provoquer l'ascension de l'huile dans le tuyau des lampes, les corps de pompe en miniature qui réalisent cet effet dans la pratique, la mobilité du verre de la lampe sur la cheminée et jusqu'à l'huile, dont, avec le pharmacien Carreau son associé, il trouva un mode d'épuration alors inconnu et encore en usage aujourd'hui.

« Enfin ses lampes peuvent recevoir les formes les plus élégantes, grâce à la disposition du cylindre creux qui porte le bec et le verre, lequel cylindre ne devant renfermer qu'un petit tuyau peut recevoir les dimensions qu'on désire. »

(2) C'est-à-dire *lumière fixe*.

vaux par de graves infirmités, était au moment d'abandonner lui-même son œuvre lorsque l'ouverture d'une nouvelle exposition de l'industrie, ordonnée par Napoléon, vint réveiller les espérances de l'inventeur, qui se hâta de transporter aux Champs-Élysées toutes les lampes qui garnissaient sa boutique.

« Ce fut, dit M. Figuier, un véritable coup de théâtre qui le sauva. Chaque jour, une foule immense se pressait pour jouir du spectacle nouveau de douze lampes allumées qui répandaient un éclat dont rien, auparavant, n'avait pu fournir l'idée.

« Carcel, debout au milieu de cette illumination splendide, expliquait à tout venant le mécanisme nouveau et chacun saluait l'inventeur et son invention d'une admiration sans réserve. Il n'y a qu'un moment dans la vie d'un inventeur, mais ce moment est sublime; il paie à lui seul les souffrances, les amertumes, les angoisses de toute une vie.

« C'est le moment de bonheur indicible que dut éprouver, pendant la seconde exposition de l'industrie nationale, l'inventeur de la lampe mécanique. »

La fortune suivit-elle ce triomphe ? malheureusement non.

« La France n'était alors qu'un vaste camp militaire, dans lequel généraux, ministres, employés supérieurs ne pouvaient répondre de ne pas partir le lendemain pour quelque point éloigné de notre vaste territoire. Dans de pareilles conditions, nul ne songeait à l'achat d'un appareil coûteux d'éclairage.

« Carcel ne tira donc qu'un médiocre parti de sa découverte. Il mourut, en 1812, pauvre et accablé d'infirmités. La vie n'avait été pour lui qu'une longue et pénible lutte. Comme la plupart des auteurs des inventions utiles, auxquelles nous devons les facilités de notre bien-être actuel, il laissa à d'autres le profit et le bénéfice de ses travaux (1). »

Sa famille elle-même en profita peu. Quand, en 1816, la paix ramena les préoccupations du côté de l'industrie et réveilla le goût des objets de luxe destinés à augmenter le bien-être du chez-soi, le brevet pris en 1800 par Carcel venait d'expirer. Le temps était aux émulations de toutes sortes et l'admirable lampe mécanique ne devait pas échapper à ce fâcheux courant.

On vit surgir une foule de modifications secondaires, plus ou moins efficaces, qui, sauvegardées par un brevet de perfectionnement, permirent de vendre de nouveaux types.

Ainsi naquirent les lampes de Carreau, de Gagneau, des frères Levasseur, de Rimberg, de Dalli, de Gottées, etc. De toutes ces modifications trois seulement ont survécu parce qu'elles étaient le fruit d'un travail vraiment original et constituaient un système spécial : « la lampe de Gagneau, que fabriquent encore les fils de Gagneau, l'inventeur des suspensions pour salles à manger ; la lampe de Gottées et celle de Rimberg qui a rendu millionnaires les lampites qui l'ont exploitée. »

(1) M. Louis Figuier, *Les Merveilles de la science.*

La boutique de Carcel existe encore rue de l'Arbre-Sec. Rien n'y a été changé et les lampes à mécanisme d'horlogerie continuent à s'y fabriquer dans la même arrière-boutique où l'inventeur imagina et créa son système.

Toujours sans rivale, la lampe Carcel est restée l'appareil préféré des personnes riches qui s'éclairent à l'huile. Elle a trouvé un débouché nouveau et considérable dans les phares lenticulaires de Fresnel, desquels elle est en quelque sorte le foyer lumineux obligé ; aussi le successeur de Carcel en fournit-il, tous les ans, à l'administration de la marine un nombre relativement considérable. La plupart lui sont demandées par l'intermédiaire de la maison Lepaute qui s'est fait, parait-il, une brillante spécialité de l'invention de Fresnel (1).

<hr>

V

La lampe de Gagneau dont nous avons parlé tout à l'heure mérite, avant que nous passions au système dit *modérateur*, une mention spéciale.

Admises à l'exposition de 1819, où elles obtinrent

(1) Voir la biographie de Fresnel

une médaille de bronze, ces lampes sont, comme les
Carcel, alimentées par un rouage d'horlogerie, mais
la manière dont cette force est mise en jeu est, non
seulement très différente, mais entièrement nouvelle.

Les avantages de ce système consistent dans la
blancheur de la lumière, dans la facilité avec laquelle
l'huile monte à peu près à telle hauteur que l'on veut,
dans l'abondance et la vitesse avec lesquelles le
liquide arrive à la flamme, ce qui, en permettant
d'élever la mèche de quatre à huit lignes au-dessus
du bec qui la porte, rend la lumière plus belle et
garantit le bec de l'altération qu'y produisent ordinairement l'huile, le charbon et la chaleur.

Nous ne parlerons pas ici de la lampe hydrostatique
imaginée par Philippe de Girard, l'illustre inventeur
de la filature mécanique du lin, dont le mécanisme
était fondé sur le système de la *fontaine de Héron*.

Cette invention qui obtint peu de succès fut reprise successivement, avec quelques modifications,
par Thilorier, Lange et Verzi. Bien accueillies
d'abord, grâce à l'éclat de leur lumière et à la modicité de leur prix, ces lampes n'ont pas tardé à être
complètement abandonnées. Peut-être faut-il chercher la cause de cette défaveur, moins dans la com-
plication des mécanismes qui les rendaient aussi su-
jettes à se déranger que difficiles à réparer, que dans
le prodigieux succès qui accueillit la lampe dite
modérateur.

On avait vainement cherché, pendant toute la
durée du brevet Carcel, un agent moteur autre que
le mécanisme d'horlogerie, on pensa enfin au

ressort à boudin, *ou ressort des tapissiers*, puis on eut l'idée de l'artifice particulier consistant dans l'emploi d'une fine aiguille qui, engagée plus ou moins dans le tuyau d'ascension, gêne ou facilite le passage de l'huile, et *les lampes à modérateur* furent inventées.

« L'idée de ce genre de lampe est assez ancienne ; mais la difficulté de construire commodément le piston avait empêché de donner suite à cette idée. L'obstacle fut levé le jour où l'on imagina d'employer du cuir *embouté*, c'est-à-dire recouvert d'une enveloppe métallique (1). »

A qui revient l'honneur de cette innovation ? Il serait difficile de le dire. M. Franchot, en effet, généralement considéré comme l'inventeur des lampes à modérateur et à qui l'Académie des sciences a décerné à ce titre, en 1854, le prix de mécanique de la fondation Monthyon, ne saurait revendiquer tout le mérite d'une invention dont les éléments existaient déjà, mais qu'il eut le talent de réunir en un ensemble harmonieux de manière à faire de cette réunion l'appareil ingénieux qui est aujourd'hui entre les mains de tout le monde (2)..... La régularité de leur marche, la facilité avec laquelle les lampistes ordinaires peuvent les construire, enfin leur bas prix qui résulte de la simplicité de leur

(1) M. Louis Figuier.

(2) « L'idée du ressort à boudin avait été réalisée bien avant Franchot ; d'autre part, Maillebouche et Joanne avaient déjà fabriqué des lampes, munies d'un piston de cuir embouté et le modérateur avait été imaginé par un autre lampiste. M. Allard. » (Louis Figuier.)

mécanisme les ont fait généralement accepter, non seulement en France, mais dans tous les autres pays de l'Europe. Leur fabrication se fait aujourd'hui sur une échelle immense; elle constitue une des branches les plus florissantes du commerce de Paris.

BRACONNOT (HENRI)
(1780-1855.)

I

Henri Braconnot, né à Commercy le 29 mai 1780, avait sept ans quand son père, avocat au parlement de Lorraine, exerçant au bailliage de Commercy, mourut laissant une veuve de trente ans, une fortune modeste et deux garçons dont la vivacité et l'esprit d'indépendance s'étaient depuis longtemps révélés.

Mme Braconnot était une de ces femmes, comme le siècle dernier en possédait beaucoup, dont l'intelligence avait été développée par une instruction sérieuse et solide et dont le cœur, formé par la vie de famille, était ouvert à toutes les tendresses, à toutes les sollicitudes, à tous les dévoûments de la maternité.

Son premier soin fut de placer l'aîné de ses fils, Henri, au collège de Commercy. Ce collège jouissait d'une réputation méritée ; les études y étaient excellentes ; seulement selon l'usage du temps, on y réprimait les fautes, on y excitait l'émulation par des châtiments corporels ; ce mode d'éducation fut peu goûté de notre jeune écolier ; il se révolta tout d'abord et ne tarda pas à devenir un des plus mutins de sa classe.

Protestant à sa manière contre l'abus de la force, il jeta livres et cahiers, se mit à faire l'école buissonnière et acquit, par ses espiègleries, une réputation qui devait lui survivre dans le pays.

Disons, en passant, qu'il avait pour compagnon et émule un fils de veuve comme lui, qui, plus tard, devait acquérir une réputation plus étendue encore que la sienne : nous voulons parler du docteur Marjolin.

Ceux qui ont connu Braconnot si doux, si inoffensif, à l'époque où, maître de sa vocation, il pouvait sans réserve s'abandonner à ses goûts pour la science, auront peine à admettre qu'il ait jamais pu mériter l'épithète « d'écolier turbulent, paresseux, dont on n'espérait rien de bon ». Ils ne nous démentiront donc pas si nous ajoutons que cette épithète de paresseux ne désignait qu'un état relatif. Braconnot, en effet, s'il était indiscipliné quand il faisait l'école buissonnière, — indiscipline qu'il expia cruellement plus tard lorsque, voulant se faire une carrière, il fut obligé de recommencer, par leurs premiers éléments, des études dont il avait méconnu et repoussé le bienfait, — si Braconnot était indiscipliné, disons-nous, il n'était point paresseux et, certes, avec une direction plus intelligente, on eût pu faire de lui un bon élève. Il n'eût même pas fallu un grand esprit d'observation pour s'en apercevoir. Ainsi il ne rentrait jamais de ses chères excursions sans en rapporter quelques plantes nouvelles, qu'il séchait soigneusement entre les pages d'un livre;

petit à petit il se créa un herbier qu'il conserva avec le plus grand soin, qu'il classa à sa manière, car il ignorait, le pauvre enfant, qu'il existât une science qui traitait de ces matières.

Après avoir épuisé tous les moyens en son pouvoir pour obtenir de son fils aîné l'exactitude au collège et au travail, Mme Braconnot se décida à l'éloigner de Commercy, où il avait trop de sujets de distraction. Elle le confia à un instituteur de la campagne, maître Paquet, qui habitait Void, bourg voisin de Commercy (1).

Notre écolier resta assez longtemps chez maître Paquet ; il y apprit quelques déclinaisons latines, un peu de français, très peu d'orthographe ; en un mot, tout ce que put lui enseigner maître Paquet, pour qui il conserva, toute sa vie, un souvenir de profonde gratitude.

Sur ces entrefaites, Mme Braconnot épousa un médecin de Commercy, qui avait gagné sa confiance et conquis son cœur en témoignant à ses enfants la plus vive et, croyait-elle, la plus sincère tendresse. Si leur mère avait été gagnée par ces semblants d'attachement, les enfants ne s'y étaient pas trompés ; les faits justifièrent leurs appréhensions : M. Huvet n'eut rien de plus pressé que d'éloigner les jeunes gens. Henri, qui avait alors treize ans, fut placé chez un pharmacien de Nancy.

M. Graux était un praticien éclairé ; c'est dans son laboratoire que les aptitudes scientifiques du jeune apprenti se manifestèrent.

(1) C'est à Void, qu'est né Cugnot (1725-1804) inventeur de la première voiture marchant à la vapeur (1771).

« La chimie pharmaceutique était à la vérité très
bornée à cette époque ; cependant il se présentait
de temps à autre quelques manipulations intéres-
santes, par exemple les préparations de l'éther, celles de l'esprit de mindeverus ou acétate d'ammoniaque, du calomel, du kermès, du soufre doré qui
offraient un caractère scientifique, et qui suffirent
pour faire comprendre au jeune novice qu'à côté de
la science qui traite de la connaissance des herbes,
et qu'il étudiait dans le cours de botanique de Willemet, il en existe une autre qui, loin de se borner à
examiner et à décrire les êtres que la nature a créés,
va jusqu'à rechercher les moyens qu'elle emploie
dans ce but et s'attache, de son côté, à produire.

« A partir de ce moment, le jeune élève en phar-
macie eut une ambition : celle d'étudier la chimie, et
comme la bibliothèque du patron était dépourvue de
tout traité sur ce sujet, il songea à se procurer la
Chimie de Chaptal, dont il avait entendu parler.

« Ce n'était pas chose facile à cette époque, où
Nancy était plus loin de Paris que ne l'est aujourd'hui
Berlin, et même Saint-Pétersbourg. Cependant notre
aspirant chimiste ne se découragea pas : au moyen
de fortes retenues sur les modiques sommes que sa
mère lui envoyait secrètement, pour son entretien,
il parvint à réunir le capital qui devait assurer son
bonheur. Il le porta triomphalement chez la citoyenne
Froment, directrice des carrosses et diligences, et
qui faisait, tous les huit jours, le service de messa-
gerie de Paris, lui remit le titre de l'ouvrage et at-
tendit patiemment le retour du messager.

« Les jours, les semaines s'écoulent ; le livre si

impatiemment attendu n'arrive pas. Le commissionnaire l'a acheté cependant, mais il ne le retrouve plus. Grand désespoir du pauvre enfant, qui se prend à pleurer si amèrement que le cœur de la citoyenne Froment s'en émeut. Elle ordonne de nouvelles recherches ; elle s'emploie elle-même à les diriger et le bienheureux livre est enfin trouvé. »

Quelques mois après, Braconnot, ayant achevé ses deux ans d'apprentissage, quittait Graux, au grand regret de celui-ci, qui s'était sincèrement attaché à son élève.

Pour le jeune homme, il s'agissait de se suffire désormais à lui-même, de se rapprocher de sa bonne mère qui habitait Strasbourg, où son mari était attaché comme médecin à l'armée du Rhin, et par-dessus tout de se procurer des moyens suffisants d'instruction.

Il demanda et obtint aisément un emploi de pharmacien de 3ᵉ classe dans le service de santé dont son beau-père faisait partie.

« Strasbourg, boulevard principal de l'armée du Rhin, était alors rempli de troupes et d'hôpitaux ; la France était en possession de toute la ligne du fleuve, mais Kehl, cette célèbre tête de pont fortifiée par Vauban, et reconquise, en 1793, sur les Autrichiens, par la garde nationale de Strasbourg, Kehl était retombé au pouvoir de l'ennemi.

« Le canon retentissait donc sur toute la ligne ; l'Alsace était un vaste camp et Kléber, qui assiégeait Mayence, évacuait sur Strasbourg ses malades et ses blessés. Notre jeune pharmacien sous-aide trouva ainsi beaucoup d'occupation et, dans les premiers temps de son installation, il ne put guère songer à autre chose qu'à ses devoirs professionnels. »

Mais, aussitôt que les événements lui laissèrent quelques loisirs, il se hâta d'en profiter et on le vit, en compagnie de son frère, suivre avec distinction les cours de l'École centrale (1). Ce n'était plus l'enfant rebelle de Commercy : c'était un travailleur sérieux, ardent, infatigable et ne se lassant pas de stimuler le zèle de ses jeunes condisciples en regrettant, devant eux, les heures et les leçons perdues par sa faute.

II

Nous ne continuerons pas à suivre pas à pas notre jeune étudiant. Ce n'est pas que la lutte qu'il dut soutenir contre une foule d'obstacles et de difficultés ne soit tout à la fois intéressante et pleine d'enseignements pour la jeunesse ; mais le but et les dimensions de notre travail ne nous permettent pas d'entrer dans le détail intime des vies que nous avons à raconter.

(1) Nom donné aux lycées et collèges lors de la réorganisation de l'enseignement public par Lakanal.

Peut-être même nous sommes-nous trop étendus dans le paragraphe précédent ; notre excuse se trouve dans notre désir de faire ressortir, par le contraste, les facilités qui sont offertes, de nos jours, aux jeunes gens désireux de s'instruire.

Si, à l'époque, relativement rapprochée où Braconnot ne se procurait qu'à grand peine la *Chimie de Chaptal*, les jeunes gens appartenant aux classes moyennes de la société se heurtaient à tant d'obstacles, que devait-ce être pour les fils des classes ouvrières.

Il y a dans ce seul ordre d'idées tout un panégyrique de notre temps, au point de vue des moyens de développement offerts à toutes les intelligences ; c'est un bienfait, dû à la société contemporaine, dont il est bon de lui tenir compte et d'être reconnaissant.

Six années s'étaient à peine écoulées depuis l'arrivée de Braconnot à Strasbourg, — six années dont l'éminent chimiste n'a jamais parlé qu'avec attendrissement et en les appelant les plus belles de sa vie ; apprécié par ses maîtres, dont il devait plus tard devenir le collègue à l'Institut (1), encouragé par eux, il pouvait librement disposer de leurs bibliothèques, de leurs laboratoires et de leurs collections ; entouré de studieux condisciples, il fit récolte de précieux souvenirs qui l'accompagnèrent jusqu'au terme de sa vie.

Jusque-là, il était resté petit et frêle ; mais à partir de ce moment sa taille se développa, il devint un

(1) Comme membre correspondant.

grand, beau et robuste jeune homme, dont sa mère était fière, et à qui il eût été facile d'obtenir de véritables succès dans le monde, grâce à la considération que des gens instruits lui accordaient, considération qui avait attiré sur lui l'attention de quelques familles distinguées : mais il n'aimait pas le monde, et sa timidité ne devait jamais lui permettre de dominer l'espèce de crainte qui l'en tenait éloigné.

Sur ces entrefaites, la paix de Lunéville ayant amené le licenciement de l'armée du Rhin, notre jeune pharmacien fut invité par le ministre de la guerre à indiquer le lieu où il comptait fixer sa résidence.

Bien décidé à se vouer aux sciences physiques, Braconnot demanda à aller à Paris, où il comptait continuer ses études. Il y fut immédiatement envoyé.

Il se mit gaiement en route ; sa bourse ne pesait guère dans son gousset, grâce à la sollicitude intéressée de M. Huvet qui, à titre de tuteur, avait trouvé moyen de toucher les émoluments de son emploi, sur lesquels il lui laissait à peine de quoi subvenir à ses besoins les plus pressants ; mais s'il était pauvre d'argent, il était riche d'espérance et de projets. La jeunesse et l'enthousiasme chantaient dans son cœur cette hymne joyeuse qui transforme en poète la nature la plus calme, la plus réfléchie, lorsque approche le moment où vont se réaliser d'ardents désirs, de chères ambitions longtemps caressées.

Il allait enfin aborder à cette terre promise des savants, des artistes, qui s'appelle Paris et dont le mirage poursuit et attire sans cesse les intelligences d'élites, aussi bien que les poursuivants de la richesse et des honneurs.

Braconnot, dans une lettre écrite longtemps après au maire de Nancy, exprime ainsi ses sentiments : « Je ne sais si j'aurais pu vivre longtemps encore loin de Paris ; je sentais qu'il était nécessaire à mon existence de voir de près, et les sciences, et les savants, de respirer, pour ainsi dire, le même air qu'eux !..... »

Puisque nous avons commencé cette citation, laissons à la suite de la même lettre, le soin de résumer le séjour de notre héros à Paris.

« Comme c'était un besoin pour moi, continue-t-il, d'augmenter mes connaissances, c'en était un bien pressant de vivre au milieu de ceux qui les cultivaient..... Je consacrai trois ans et demi à l'étude des sciences exactes et de la médecine, carrière à laquelle m'avait depuis longtemps destiné ma famille ; en même temps, je suivais avec empressement les cours des premiers botanistes de l'Europe : j'obtins même au concours le seul prix qui fut décerné dans cette partie et qui me fut donné par M. Fourcroy, en l'absence du ministre, l'illustre Chaptal ; j'obtins aussi un accessit en chimie. Revenu à Nancy, mes goûts me rapprochèrent de M. Willemet (1), dont je suivis constamment les cours ; il me présenta quelques temps après à l'acadé-

---

(1) Willemet (Pierre-Remi), botaniste lorrain né à Norroi près de Pont-à-Mousson en 1735, mort à Nancy en 1807. Il fut professeur au collège de Nancy et directeur du jardin des plantes de cette ville ; ami de Linné, de Haller et de Vicq-d'Azyr, il s'est acquis une juste célébrité par ses travaux,

mie de Nancy, où j'eus l'honneur d'être reçu ; un pareil succès ne fit qu'augmenter mon zèle ; je savais
que ce n'était pas assez d'être admis dans une
société savante, qu'il fallait s'y distinguer, ce à
quoi on ne parvient que par des travaux assidus.

« ... Je m'occupai alors de plusieurs ouvrages qui
ont obtenu les suffrages des savants... »

Les travaux dont parle Braconnot se composaient
de faits soigneusement observés et très exactement
décrits et de mémoires dont « les théories étaient
loin de valoir les faits observés », mais qui abon-
daient néanmoins en idées réelles et en conjectures
bien près de se réaliser.

Nous n'en donnerons qu'une seule preuve : c'est
Braconnot qui parle :

« ..... Nous ne sommes pas éloignés, dit-il,
d'une belle époque où la chimie, indépendante et
fière, se débarrassera de ces prétendus éléments
qui n'ont pu qu'entraver sa marche assurée et qui
sont désavoués par la nature, sa fidèle compagne. »

Il est à remarquer que pendant que ce passage
était sous presse, de l'autre côté du détroit, Davy
décomposait la potasse, la chaux, la soude, la
baryte et la strontiane... »

Quand Braconnot écrivait la lettre dont nous
avons cité plus haut un long passage, c'était à
l'effet d'obtenir la direction du Jardin des plantes
de Nancy, que la mort de Willemet venait de laisser vacante.

L'emploi lui fut accordé et notre savant botaniste n'eût eu plus rien à désirer, si l'animosité de
M. Huvet qui grandissait à mesure que l'âge aug-

mentait ses infirmités, ne se fût obstiné à mettre aux relations de sa femme et de ses beaux-fils tous les empêchements imaginables.

Les victimes de ces tracasseries ne s'y résignaient point : « toute espèce de ruses étaient inventées de part et d'autre, pour essayer de tromper la vigilance de M. Huvet et parvenir à se voir et à échanger une parole d'affection. La nomination du jeune savant à la direction du Jardin des plantes, amena un espoir de rapprochement; Huvet parut prêt à s'adoucir, mais quand il eut appris que cette place était plutôt honorifique que lucrative, sa colère reprit le dessus et plus que jamais, il appliqua au pauvre savant le surnom qu'il lui avait donné : *M. bon à rien.* »

Cette lutte incessante, ce perpétuel chagrin de famille étaient d'autant plus cruels pour Braconnot, que son cœur était plus enclin aux douces et tendres affections du foyer. Même au temps où il s'était montré le plus pétulant, le plus indiscipliné, il n'avait jamais cessé d'adorer sa mère et d'en être chéri. Et maintenant que son humeur indépendante s'était complètement adoucie, que ses goûts, restés simples, étaient devenus casaniers, le foyer domestique lui manquait et cela dans des conditions qui, en le froissant et l'absorbant, l'empêchaient de chercher à s'en créer un qui lui appartînt en propre.

Ce sont, en effet, ces déceptions domestiques qui éloignèrent notre modeste savant du mariage, plutôt que les préoccupations de ses travaux.

Et plus tard, quand sa mère lui revint, à lui tout seul, par la mort de Huvet, l'état d'infirmités précoces, de défaillance d'esprit dans lequel elle était tombée, l'empêcha de songer à introduire une autre femme dans son intérieur, tout illuminé pour lui par le dévouement de sa piété filiale, mais qui eût nécessairement paru sombre et triste à une jeune épouse.

Dès lors, d'ailleurs, il eut auprès de lui une compagne, une amie, dont les soins, après avoir adouci les dernières années de la vie de Mme Braconnot, continuèrent à lui assurer à lui-même une existence paisible et heureuse ; nous voulons parler de Mlle Pauline Blanchard, la nièce de Mme Huvet qui, non contente d'avoir consacré sa jeunesse à sa tante, après la mort de celle-ci, se dévoua avec le même désintéressement à son cousin.

Comment eût-elle pu le quitter. Frappé d'un coup mortel par la perte de sa mère, Braconnot s'aperçut tout à coup du poids de l'âge ; jusque-là, d'une santé à toute épreuve, il devint souffrant. Bientôt, il se plaignit timidement de douleurs dont il ne connaissait ni l'origine, ni le siège, mais qui intéressaient les organes de la digestion et affectaient parfois le cerveau... »

Ces douleurs étaient causées par un cancer à l'estomac qui le mina pendant plusieurs années et le conduisit enfin à la mort, au milieu d'atroces douleurs.

Il vit arriver sa fin avec la conscience du juste et la fermeté d'un homme dont la vie entière, — sauf ce moment de rébellion dans son enfance, dont il avait bien chèrement racheté, ou plutôt expié

les tristes conséquences, — avait été un modèle
d'application, de sagesse, de piété filiale et de
dévouement.

III

Nous n'essayerons pas même d'énumérer les travaux de Braconnot, dont le catalogue publié, d'après
un manuscrit trouvé dans ses papiers, porte 112
numéros. Nous dirons seulement qu'il n'est guère
de questions scientifiques, en matière de chimie ou
de botanique, débattues pendant sa longue carrière
dont il ne se soit occupé, et occupé de façon à attirer
l'attention et à mériter l'estime des corps savants
les plus illustres.

Nous avons dit déjà qu'il avait été nommé, presque au début de sa carrière scientifique, membre
correspondant de l'Académie des sciences. Nous
devons ajouter que des démarches furent faites
plus tard par plusieurs des membres les plus éminents de l'Institut, dans le but de le décider à prendre un pied-à-terre à Paris, afin de pouvoir en être
nommé membre titulaire.

« Gay-Lussac fut un de ceux qui se montrèrent

les plus pressants ; Arago qui, sur ces entrefaites, eut occasion de venir à Nancy, unit ses instances à celles de son illustre collègue ; ce fut en vain. » Braconnot craignait le bruit et la foule ; il redoutait si fort d'être mis en évidence, que jamais on ne put le persuader d'occuper à l'Académie des sciences sa place de membre correspondant. Il ne se privait pas pour cela, dans ses rares voyages à Paris, de se rendre aux séances, mais il avait soin de s'asseoir sur les banquettes réservées aux simples assistants. C'est là qu'il se vit un jour reconnu par Ampère qui lui fit, moitié bon gré, moitié par force, prendre place à côté de lui. Notre modeste Nancéen s'y trouvait, disait-il plus tard, sur des charbons ardents, aussi n'y resta-t-il pas longtemps. « Profitant d'une de ces distractions si fréquentes dans son *immortel* voisin, il se hâta de s'éclipser. C'est la dernière fois qu'on l'ait vu à l'Académie des sciences. »

..... Nos lecteurs se demandent, sans doute, à quel titre Braconnot figure dans cette galerie des inventeurs plus ou moins célèbres, qui ont fait de l'art de l'éclairage, si longtemps négligé, une des branches les plus importantes de l'industrie contemporaine.

Nous leur répondrons que parmi les travaux de cet éminent chimiste, se trouve non seulement le point de départ, mais la première mise en œuvre de l'heureuse transformation, qui, sans changement de matière, de forme, de mode de combustion, a fait de la grossière chandelle, l'élégante et presque luxueuse bougie stéarique.

En 1815, Braconnot qui, pendant l'invasion de
1814 avait repris son ancien service de pharmacien
militaire et bravement fait son devoir au milieu du
typhus qui avait envahi l'hôpital de Basserville à
la suite des blessés, se retira dans un petit pavillon
du jardin botanique, dont il était directeur, avec ses
livres, ses réactifs, ses appareils et, ne trouvant pas
de meilleur moyen de se consoler des douleurs de
la patrie et d'y remédier dans un temps donné, que
de redoubler de travail et d'efforts, il s'absorba
dans d'actives recherches sur les corps gras.

« Les résultats de ces nouvelles expériences, tout
importants qu'ils furent, ne devaient pas tarder à
être distancés par des travaux entrepris vers le
même temps.

« Il n'en est pas moins vrai que, dès 1815, Braconnot *eut entre les mains* l'acide stéarique qui ne
fut réellement obtenu par M. Chevreul qu'en 1820...
Il n'en est pas moins vrai qu'il songea à approprier
le nouveau produit à l'éclairage, ainsi qu'il résulte
du brevet d'invention pris, en 1818, par lui et par
un de ses amis, M. F. Simonin, habile chimiste et
pharmacien à Nancy.

« Cette phase de l'histoire de la bougie stéarique
mérite d'autant plus d'être rapportée que, généralement ignorée (1), elle n'est consignée que dans le ré-
pertoire des *brevets d'invention*, immense arsenal

(1) M. Louis Figuier en fait mention dans ses *Merveilles de
la science*. Il a puisé ses documents aux mêmes sources que
nous, sources qu'il a indiquées avec sa parfaite loyauté habi-
tuelle, c'est-à-dire dans la notice de M. Nicklès : *Braconnot,
sa vie et ses travaux*. Paris, 1856.

où fouilleront nos neveux, lorsqu'à l'exemple de l'é-
rudit et spirituel auteur du *Vieux Neuf*, ils voudront
prouver aux inventeurs de leur temps que le *véritable nouveau* est bien rare à trouver ici-bas. »

C'est au moyen d'une pièce extraite de ce recueil
que nous allons édifier nos lecteurs sur l'exactitude
de ce titre de *premier inventeur* de la bougie stéarique que nous donnons à Braconnot.

« *Certificat de demande d'un brevet d'inventeur
délivré aux sieurs Simonin et Braconnot, domici-
liés à Nancy....., 29 juillet 1818.* »

« ... Le nouvel art que veulent créer les sieurs Braconnot et Simonin et pour lequel ils demandent à être
brevetés par Sa Majesté, consiste dans la fabrication en grand, d'une matière analogue à la cire et
pouvant la remplacer dans plusieurs de ses usages,
particulièrement pour l'éclairage. Cette matière,
trouvée par le premier de ces chimistes dans toutes
les graisses animales, en est retirée par le procédé
suivant :

« On étend la graisse ou le suif dont on veut
extraire la matière concrète avec une quantité variable d'une huile volatile, ordinairement celle de térébenthine ; le mélange, placé dans des boîtes circu-
laires, revêtues intérieurement de feutre et dont
les parois latérales ainsi que le fond sont percés
d'une multitude de petits trous, est soumis à une
pression, graduée et très forte, qui en exprime
l'huile volatile ajoutée, et avec elle la partie la
plus fluide de la graisse employée.

« La substance solide restée dans les boîtes en
est retirée ; on la fait bouillir longtemps dans de

l'eau, pour lui retirer l'odeur de l'huile volatile ; on la tient ensuite en fusion pendant quelques heures avec du charbon animal récemment préparé et on la filtre bouillante. Cette substance refroidie est d'un blanc éclatant ; elle est dure, transparente, sèche, cassante, sans saveur ni odeur.

« Cette matière très propre à l'éclairage, ne peut cependant, dans cet état, être employée à cet usage à cause de sa trop grande fragilité qui n'en permet ni le roulage, ni le transport. Il est indispensable de lui faire subir quelques modifications : on parvient à lui donner une sorte d'élasticité et de ténacité par un léger contact avec du chlore ou de l'hydrochlorure ; son alliage avec un cinquième de cire d'abeille donne le même résultat : alors son emploi est facile et on en moule des bougies d'un usage aussi agréable que celles faites avec de la cire.

« A raison de ces propriétés, cette substance a été nommée *céromimène*, ou qui imite la cire.

« L'huile exprimée, ou la partie la plus fluide de la graisse employée, contenant, outre l'huile volatile que l'on peut séparer par la distillation, une quantité assez considérable de matière concrète qu'elle entraîne et tient en solution, étant épurée et blanchie par le charbon d'os, est éminemment propre à la fabrication d'un savon excellent pour les arts et pour les usages domestiques, son odeur étant faible et pas trop désagréable.

« Cette huile animale, saponifiée d'abord par la potasse des Vosges, est transformée ensuite en savon dur, à base de soude, par le sulfate de soude, de peu de valeur et très abondant dans les eaux salées du département. Ce procédé a l'avantage d'offrir au commerce du sulfate de potasse recherché par les fabriques d'alun.

« Les travaux longs et multipliés des inventeurs sur cet objet, leur permettant de donner à cette nouvelle branche d'industrie, une grande extension, ils pensent utiliser beaucoup de matières grasses jusqu'ici rejetées comme n'étant propre qu'à peu ou à point d'usages, telles que les graisses de chevaux, de chiens, d'os ; celles gâtées, les beurres rances, etc., etc.

« Le sous-secrétaire d'État au département de l'intérieur... »

« On voit que, ainsi que nous le disions tout à l'heure, Braconnot eut entre les mains l'acide stéarique, découvert quelques années après par M. Chevreul. Il avait reconnu, en effet, que ce corps pouvait s'obtenir en traitant les matières grasses, soit par l'acide sulfurique, soit par les alcalis ; il avait remarqué qu'il s'unissait facilement avec les acides et qu'il était très soluble dans l'alcool..... Mais il ne sut pas reconnaître sa nature et se borna à le considérer comme une espèce de cire.

« Un pas de plus, et il constatait le véritable caractère de ce composé et créait la fabrication de la bougie stéarique, que le génie de son inventeur définitif, M. de Milly, a placée au premier rang de nos grandes industries nationales.

« Que manquait-il, cependant, à la bougie fabriquée avec de la *stéarine* et livrée en quantité notable au commerce par les deux chimistes nan-

céens? Il y avait en plus que dans l'*acide stéarique* de la glycérine, et en moins de l'eau, ainsi que
devait le démontrer bientôt M. Chevreul. De plus,
les bougies de stéarine conservaient une partie des
inconvénients de la chandelle, les mèches devenaient charbonneuses et avaient besoin d'être mou-
chées, car Braconnot n'avait pas songé aux mèches
tressées et imprégnées d'acide borique... (1) » La
question en un mot, n'était pas encore mûre et pour
l'amener à maturité, bien que l'attention de la science
et de l'industrie fût vivement éveillée, il ne devait
falloir rien moins qu'une vingtaine d'années de travaux assidus.

Il résulte, toutefois, de ce que nous venons de dire
que la bougie stéarique actuelle a eu d'abord sa
transition, comme ensuite elle a eu son développement et ses progrès... « Entre le suif et l'acide
stéarique se trouve un échelon, la stéarine, échelon
qui devait nécessairement être franchi : « *natura
non facit saltum* », dit Linné. Cette vérité s'impose
même aux phénomènes de l'ordre moral : les idées
a priori n'existent pas plus que les inventions *a
priori ;* les unes et les autres ont une cause occa-
sionnelle, et ce n'est jamais que par gradation
qu'elles arrivent à maturité.

(1) J. Nicklès, professeur de chimie à la faculté des sciences
de Nancy.

MILLY (LOUIS-ADOLPHE DE)
(1799-1876)

I

Nous avons parlé des mémorables recherches de M. Chevreul sur les corps gras ; nous avons dit comment cet illustre savant trouva dans la stéarine découverte par Braconnot des acides stéariques et margariques, susceptibles, selon lui, d'être admirablement appropriés à l'éclairage.

En 1825, il prit à cet effet, en association avec Gay-Lussac, un brevet pour la fabrication industrielle de ces produits ; mais nul n'ignore que, « entre une donnée scientifique et son application efficace à l'industrie, il y a un intervalle immense, et que le titre et les qualités du savant sont loin d'être une garantie de réussite dans une affaire industrielle ».

Cette vérité, qui est admise comme axiome, devait ici trouver encore une fois sa justification : les premiers essais n'ayant abouti à aucun résultat pratique satisfaisant, les deux illustres associés renoncèrent à leur entreprise et l'idée de fabriquer des bougies stéariques eût été tout à fait abandonnée et bientôt oubliée si un jeune ingénieur, M. de Cambacérès, dont le père dirigeait une importante usine d'éclairage, n'eût repris le projet de M. Chevreul et de Gay-Lussac et tenté de nouveaux essais.

Ces essais n'eurent pas un meilleur résultat que les précédents. Comme Braconnot, comme M. Chevreul et Gay-Lussac, M. de Cambacérès dut renoncer à poursuivre une fabrication difficile, imparfaite et onéreuse.

Cette tentative ne fut cependant pas sans influence sur le succès à venir de la fabrication des bougies stéariques, puisque c'est en cherchant à perfectionner son procédé que le jeune ingénieur imagina de substituer à la mèche unie, qui se salissait et charbonnait bien plus rapidement encore que dans la combustion du suif, la mèche tressée, et qu'il reconnut que cette mèche devait être préalablement traitée par un acide (1).

Cependant savants et industriels s'accordaient à considérer comme irréalisable l'application de l'acide stéarique à l'éclairage, et il ne semblait pas

(1) « Les mèches de coton, telles qu'on les employait pour les chandelles, ne pouvaient servir pour les bougies stéariques. Quand on allumait une de ces bougies portant une mèche de coton ordinaire, comme l'acide stéarique charbonne beaucoup en brûlant, il se formait bientôt à l'extrémité de la mèche un champignon qui arrêtait l'ascension de la matière fondue. Dès lors, le liquide, ne pouvant parvenir jusqu'au point où s'effectuait la combustion, dégorgeait et coulait le long de la bougie. Après avoir essayé de parer à cet inconvénient, par l'emploi d'une mèche creuse à l'intérieur et présentant à l'extérieur le tissu d'une étoffe, M. de Cambacérès imagina la mèche actuellement en usage et qui se compose de trois brins de fil de coton tressés et tissus au métier. » (Louis Figuier.)

probable que personne eût jamais la pensée de reprendre des essais demeurés infructueux sous la
direction et entre les mains d'hommes aussi compétents que ceux qui s'en étaient occupés, lorsque
survinrent les événements de juillet 1830.

A côté des ruines que les crises politiques en-
tassent, quel que soit d'ailleurs le but qu'elles se
proposent et les améliorations qu'elles puissent assurer pour l'avenir ; à côté des intérêts qu'elles
froissent et des larmes qu'elles font couler, se
placent certains avantages qu'il est juste et loyal
de reconnaître. Sans parler des dévouements
qu'elles mettent en lumière, des caractères dont
elles développent les traits principaux, de la somme
d'énergie, de courage, qu'elles mettent en jeu, il
arrive que, du sein même des bouleversements
qu'elles amènent, s'élèvent des individualités puissantes qui, dans les conditions ordinaires de la vie
sociale, n'auraient eu, ni l'occasion, ni la pensée de
se produire.

C'est ce qui arriva pour le fondateur de l'importante industrie stéarique.

M. de Milly, né à Paris, en 1799, appartenait à
une des plus anciennes et des plus honorables
familles du Mâconnais.

Il fit d'excellentes études et manifesta une aptitude singulière pour les sciences. Ce n'est pas de
ce côté cependant que se portèrent ses vues d'avenir. Les traditions de sa famille ne lui indiquaient
que deux voies à suivre : l'état militaire ou une
charge de cour.

Il opta pour cette dernière carrière, et fut attaché à la personne de Charles X, en qualité de Gentilhomme de la Chambre.

La chute de la branche aînée des Bourbons brisa en un instant son avenir.

Déjà pour occuper les loisirs d'une position qui ne répondait pas aux besoins de son esprit chercheur et créateur, M. de Milly s'était adonné à la science et il s'était fait recevoir docteur en médecine.

Libre de donner cours à ses aptitudes, il songea à utiliser les travaux de MM. Chevreul et Gay-Lussac, en les appliquant à l'industrie.

Il fut secondé par son ami, M. Motard, docteur en médecine, et il fonda, en 1831, à la barrière de l'Étoile (1) une usine dans laquelle il parvint à « élever l'industrie stéarique sur des bases définitives et durables ».

La première, et en même temps la plus importante découverte de M. de Milly, fut la substitution, dans la saponification du suif, de la chaux aux acides caustiques, dont le prix élevé rendait l'emploi impraticable au point de vue industriel.

Cette substitution « détermina véritablement la création de l'industrie stéarique. Traité par la chaux, matière à vil prix, le suif donne un savon calcaire, lequel, décomposé ensuite par l'acide sulfurique, laisse en liberté les deux acides gras, stéarique et oléique. Par la pression, exercée d'abord à froid, ensuite à chaud, on sépare sans aucune difficulté l'acide stéarique concret de l'acide oléique liquide. »

(1) De là le nom de bougies et de savons de l'Étoile donné aux produits de la manufacture de M. de Milly.

Une autre amélioration non moins décisive, consista à substituer, pour l'immersion préalable des mèches, l'acide borique à l'acide sulfurique employé par M. de Cambacérès, lequel acide corrodait le coton au point de l'user si complètement que la mèche manquait parfois tout à coup, en certains endroits de la bougie.

C'est en 1836 que M. de Milly fit cette substitution d'acide. A cette époque, qui fixe la date de la création complète de l'industrie stéarique, M. Motard s'était déjà retiré de l'entreprise, et l'usine avait été transférée, d'abord rue Rochechouart, à Paris, et ensuite dans la plaine Saint-Denis, où elle est encore.

Jusque-là l'acide stéarique seul avait été avantageusement utilisé : fatigué de chercher inutilemen des débouchés sérieux à l'acide oléique, l'ingénieux inventeur imagina d'ajouter une seconde fabrication à celle des bougies, afin de pouvoir employer lui-même un produit qui, en demeurant pour lui une non-valeur, augmentait d'autant le prix de revient de la bougie. L'acide oléique fut converti en savon à base de soude, et cette fabrication nouvelle, d'un produit annuel de plusieurs millions de kilogrammes, consolida, en la popularisant par l'abaissement du prix de vente, l'industrie stéarique.

M. de Milly ne borna pas là ses recherches et ses perfectionnements. En 1855 il imagina un procédé pour saponifier les corps gras à l'aide de 2 à 3 0/0 de chaux dans des autoclaves (1) chauffés

(1) L'autoclave de M. de Milly a été adopté par la plupart des fabricants d'acides gras.

par de la vapeur à 8 atmosphères. Non seulement ce procédé apporta une diminution nouvelle et considérable dans le prix de revient des acides gras, mais il donna naissance à un nouveau produit, la *glycérine* qui prit immédiatement place dans les préparations pharmaceutiques et dans celles de la parfumerie. Les emplois de ce produit sont devenus si nombreux que l'usine de l'Étoile en livre à elle seule tous les ans, plus de 200,000 kilogrammes au commerce.

Cependant, pratiquée dans des conditions déplorables, au point de vue de la perte de matières et de l'infériorité des produits obtenus, la distillation des corps gras laissait encore beaucoup à désirer. M. de Milly s'attacha, avec une persévérance admirable, à détruire les abus, à perfectionner les procédés. Il en arriva au point de pouvoir produire, en 1866, sans distillation, c'est-à-dire par le seul moyen de la saponification, l'acide stéarique.

Depuis cette époque, la fabrique de bougies de l'Étoile n'est pas demeurée stationnaire. Les procédés de distillation ont surtout fixé l'attention de son directeur et, sous ce rapport, de très importants progrès ont été réalisés, d'après les conseils de M. Jules Bouis, gendre de M. de Milly, et son collaborateur actif pendant vingt-cinq ans.

Il n'est pas inutile de rappeler que M. de Milly, créant une industrie nouvelle, a eu à imaginer tout l'outillage, à étudier et à réaliser toutes les méthodes de travail, tous les *tours de main* qui ont permis de fabriquer en grand. La plupart de ces nombreux progrès de détail ont été copiés et sont encore pratiqués dans les fabriques de France et de l'étranger.

L'industrie stéarique, en effet, était trop importante; elle prit trop rapidement son essor pour que l'usine de M. de Milly pût rester longtemps le seul centre de production.

Une foule d'autres fabriques se fondèrent tour à tour à Paris et en province. L'étranger, après avoir quelque temps payé son tribut à la France, voulut aussi avoir ses marques nationales. M. de Milly crut devoir aller au-devant de ce désir. Non seulement il s'empressa toujours de fournir aux commissaires venus à Saint-Denis, à l'effet d'étudier son mode de fabrication, tous les renseignements en son pouvoir, de leur livrer tous les secrets de ses procédés, mais lui-même, dès 1832, il alla implanter à Londres, l'industrie essentiellement française dont il se glorifiait d'être le père.

Il établit cette succursale de son usine dans *White-gross-street* et c'est à l'aide d'ouvriers formés dans cet établissement que la compagnie Price monta plus tard ses propres manufactures.

Lorsqu'en 1836, Frédéric Fournier fonda à Marseille l'usine destinée à prendre le grand développement que l'on connaît, c'est d'après les conseils et avec le concours de M. de Milly qu'il opéra.

La générosité et le désintéressement de l'éminent inventeur ne s'arrêtèrent pas là. En 1837, le roi de Suède, ayant chargé le professeur Palmstedt, de créer une usine de bougie stéarique à Stockholm, M. de Milly se mit entièrement à la disposition du savant Suédois et lui communiqua ses procédés. Il agit de même pour l'Espagne, l'Italie, l'Allemagne, l'Autriche, la Russie, dont les nombreuses manufactures sont filles de celle de l'Étoile. Aussi celle-ci, demeurée en relations amicales avec les plus importantes fabriques de l'Europe, est-elle tenue au courant de tous les perfectionnements qui peuvent se produire dans l'industrie stéarique.

II

M. de Milly avait conservé du gentilhomme cette courtoisie aimable, cette affabilité bienveillante, ce tact délicat qui fait distribuer à chacun ce qui lui est dû d'égards ou de familiarité polie; à ces qualités natives, il joignait un coup d'œil rapide et sûr; rien ne lui échappait; il ne souffrait aucun abus et exigeait une parfaite exactitude, exactitude dont il donnait en toutes choses l'exemple. Loyal et généreux, il allait au-devant des besoins de ses ouvriers, mais il ne souffrait pas qu'on exploitât sa bonté, qu'on abusât de la confiance qu'il accordait volontiers.

Ses goûts étaient simples; un de ses passe-temps favoris consistait à cultiver le jardin qu'il avait créé

devant un des pavillons de son usine. On nous a montré entre autres un plant d'asperges qu'il soignait
avec amour. Jusque dans ses distractions, il apportait
l'ordre, la méthode, la passion du perfectionnement
qui avaient marqué la fondation et le rapide développement de l'industrie stéarique.

Estimé de tous ceux qui avaient l'honneur de le
connaître et adoré de ses ouvriers dont il était le
père et l'ami, après avoir amené, industriellement
parlant, son usine au plus haut point de perfectionnement, il songeait à tourner du côté du bien-être
de son personnel l'incessante activité de son esprit,
et, sur le vaste espace de la plaine Saint-Denis, que
couvrent les bâtiments et les entrepôts de son
exploitation (1), il se proposait d'élever des habita-
tions ouvrières, de créer des asiles, une école ...

Les événements de 1870 coupèrent court à ces
projets philanthropiques. M. de Milly, qui avait vu
l'invasion de 1813 et de 1814, souffrit cruellement en
apprenant l'entrée de l'ennemi sur le sol français.
Toutes les fibres patriotiques, si sensibles, si délicates dans ce cœur toujours jeune et ardent, frémirent
douloureusement, et il s'estima heureux de pouvoir
payer sa dette à la patrie, en la personne de son fils,
officier attaché au corps d'armée de l'Est.

Le bonheur, jusque-là, lui avait constamment
souri : non seulement tout ce qu'il avait entrepris
lui avait réussi, et, né, élevé en dehors de toute
espèce de connaissances et de préoccupations in-
dustrielles et commerciales, il avait mené à bien

(1) Plus de trois hectares,

une entreprise considérable, difficile, réputée impossible, mais encore toutes les joies du foyer lui
avaient été départies :

Une femme dévouée et capable de s'associer à
ses desseins, de s'intéresser à ses vastes conceptions; trois filles charmantes, toutes les trois parfaitement mariées et enfin un fils en qui reposait toutes
les espérances d'avenir de son entreprise, bien qu'il
n'eût pas hésité à lui laisser embrasser l'état militaire, tout se réunissait dans cette heureuse famille
pour donner un démenti à cette triste vérité, que
tout succès se paie ici-bas, et se paie d'autant plus
cher qu'il est plus éclatant.

La douleur si poignante pour une âme bien née
d'assister aux malheurs de la patrie, à ses humilia-
tions, devait être suivie pour M. de Milly, et pour sa
famille, d'un coup plus personnel, d'un deuil plus
cruel encore.

Après avoir traversé sans blessures la période
de la guerre et échappé au triste sort de tant de
ses camarades, emmenés prisonniers en Allemagne,
le jeune Georges de Milly, appelé après la guerre, à
Paris, sur le désir de son père et attaché comme
aide de camp au général Clinchant, son beau-frère,
fut tué par un éclat d'obus pendant le second siège
de Paris.

Ce fut un coup terrible pour M. de Milly, un
coup dont on crut qu'il ne se relèverait pas. Pendant deux ans, il erra de pays en pays, de ville en
ville, allant de cliniques en cliniques, afin de se
rendre compte si la science ne possédait réellement aucun moyen dont l'emploi eût pu parvenir à

guérir la blessure de son fils (1). Il acquit, ou il crut avoir acquis la certitude que, traitée d'une certaine façon, cette blessure n'eût pas dû amener la mort.

Dès lors, tout fut fini pour lui ici-bas. La tristesse, — une tristesse mortelle bien que calme en apparence — succéda au désespoir. On put croire qu'il cherchait à oublier; il n'en était rien, mais fidèle jusqu'au bout à l'héroïque devise qui résume sa vie: *toujours occupé et utile !* il reprit la direction de l'usine, entrant comme par le passé, dans tous les détails et paraissant s'y intéresser.

C'est ainsi que la mort le surprit, debout au poste d'honneur que lui-même s'était choisi.

---

(1) M. Georges de Milly avait eu la cuisse emportée. Après quarante-huit heures d'atroces souffrances, il succomba dans les bras de son père accouru pour le soigner.

I

LES HUILES MINÉRALES.

Une question se présente tout d'abord à l'esprit :
— A quoi est due l'extension si rapide prise par les
huiles minérales dans l'éclairage.

La réponse est aussi simple que péremptoire : à
poids égaux consommés, ces huiles donnent plus de
lumière et coûtent moins cher que les huiles végétales. Ce fait déjà surabondamment démontré,
ressort encore des expériences comparatives faites
sur le pouvoir éclairant des différentes substances
employées pour l'éclairage dans l'industrie et dans
les établissements publics ou dans les maisons particulières, par M. G.-A. Hirn (1).

L'unité de lumière choisie par M. Hirn, parce
qu'elle est généralement prise pour type, est la
bougie stéarique. En la comparant, d'une part aux
anciennes chandelles de suif et, d'autre part, aux plus
belles bougies de paraffine et ramenant, les lumières

______

(1) Les détails donnés ici sont extraits d'un rapport fait à la
Société de Mulhouse par M. G.-A. Hirn, membre correspondant
de l'Institut.

produites à des poids égaux brûlés de part et d'autre
en un même temps, on trouve que la bougie stéarique étant 100 en lumière, la chandelle donne 95 et
la bougie de paraffine 130.

Comparant toujours à égalité de poids consommés,
la bougie stéarique avec l'huile de colza bien épurée
et brûlée dans une lampe Carcel ou dans une lampe
à modérateur, on constate que la bougie donnant
100 unités de lumière, l'huile en donne 168.

Ici l'avantage est tout entier du côté de la lampe,
tant sous le rapport du prix que de la qualité de la
lumière.

M. Hirn passe ensuite à la comparaison de la
bougie avec les différents gaz d'éclairage : la
bougie donnant une unité de lumière pour 9 grammes brûlés à l'heure, un mètre de gaz brûlé par heure
donne :

Gaz à la houille	70	
— au boghead (1). . . .	340	unités.
— à la graisse ou à l'huile.	250	

Comme le premier de ces gaz peut être produit
aujourd'hui pour le détail, à 30 et même à 27 centimes
le mètre cube, la supériorité de cet éclairage est immense au point de vue de l'économie, même sur la

(1) *Boghead* est le nom anglais donné au schiste bitumineux
que l'on exploite en Écosse sur une grande échelle pour servir
à la fabrication du gaz d'éclairage et à la préparation d'hydro-
carbures solides ou liquides qui ont de nombreuses applications dans les arts industriels. *Le gaz d'éclairage tiré du
boghead, est doué, dit L. Figuier, d'un remarquable pouvoir
éclairant, (Dictionnaire universel.)*

lampe à modérateur (1). On doit ajouter que lorsque le gaz est bien épuré, brûlé avec des becs convenables et fourni au bec par une pression très régulière, il lutte avec la lampe Carcel quant à la qualité de la lumière.

Dans tous les cas où son usage est possible, le gaz a donc la supériorité sur tout autre mode d'éclairage, même sur celui dont il va être question, l'éclairage par les huiles minérales.

A poids égaux, brûlés par heure, la bougie stéarique étant encore l'unité de lumière en 100, les huiles de pétrole donnent selon leurs qualités de 279 à 225.

L'avantage de l'huile minérale sur la bougie est donc énorme, puisqu'un même poids de la première donne une lumière presque triple.

Comparée à l'huile de colza épurée et brûlée dans une lampe à modérateur, nous trouvons encore que pour obtenir la lumière de 100 bougies stéariques il faut brûler par heure 532 grammes d'huile de colza, tandis que 320 grammes de pétrole suffisent pour atteindre la même clarté. L'économie au poids est donc de 40 0/0.

Encore n'est-ce pas à beaucoup près le seul avantage que présente l'huile minérale : dans les meilleures conditions possibles, une lampe Carcel, ou une lampe à modérateur baisse en lumière au bout de quatre à cinq heures d'éclairage ; la lampe à pétrole donne jusqu'à épuisement complet de son réservoir une lumière parfaitement constante en

---

(1) Il n'est pas ici question des lampes à essence minérale dont on parlera plus loin.

intensité et en couleur. La lumière de l'huile végétale est d'un jaune verdâtre, comparativement à la blancheur de celle de l'huile de pétrole.

D'un autre côté, l'usage de cette dernière présente quelques difficultés et quelques inconvénients. Il faut que les mèches soient coupées avec la plus grande régularité et j'ajouterai avec intelligence ; il faut que la lampe elle-même soit très bien construite. Hors de ces conditions, la flamme fume et sent mauvais ; enfin si l'on pousse trop rapidement la flamme à son maximum, la chaleur, développée par la combustion, entraîne aisément la fracture des verres de lampe.

Nonobstant ces inconvénients, l'emploi de l'huile minérale comme moyen d'éclairage réalise un des grands progrès de notre époque, et les mines, qui fournissent des matières propres à la fabriquer, constituent pour un pays une vraie richesse nationale (1).

(1) Nous avons parlé tout à l'heure du *boghead* si abondant en Écosse ; nous devons mentionner aussi 1° les huiles d'Alsace dites de Schwabwiller qui, à poids égaux brûlés par heure, la bougie servant d'unité, sont de 261 ; 2° les huiles de Galicie qui fournissent non seulement à l'éclairage du pays, mais à celui de la plupart des provinces polonaises appartenant à la Russie et à la majeure partie de l'empire d'Autriche où elles sont préférées à celles d'Amérique. Les mêmes puits d'où l'on extrait cette huile fournissent la matière dite *cire de terre*, qu'on n'a encore trouvée, croyons-nous, qu'en Galicie et qui, bien épurée, fournit un produit comparable en blancheur et en qualité à la plus belle cire d'abeilles. Les bougies fabriquées avec ce produit, donnent une très belle lumière et sont justement recherchées pour l'éclairage des appartements. 3° et enfin les huiles que l'on importe aujourd'hui en grande quantité d'Amérique et dont la principale production est centralisée au Canada et en Pensylvanie.

Ce pétrole produit à la distillation peu d'huile propre

L'huile brute qui provient de la première distillation de toutes ces matières contient toujours de la
paraffine ou carbure d'hydrogène, solide, blanc,
inodore, mais la quantité relative de cette dernière
est très variable d'une provenance à l'autre. C'est
avec cette substance que l'on fabrique les belles
bougies diaphanes répandues aujourd'hui dans le
commerce.

Cette même huile brute contient aussi un certain
volume très variable de gaz hydrogène, plus ou
moins carboné, qui s'en dégage, soit dans le vide,
soit par l'action de la chaleur.

Bien que toutes les huiles minérales appartiennent
en définitive à une même classe de combinaisons
chimiques, à celle des carbures d'hydrogène, il n'en
est pas moins vrai qu'il existe aussi entre elles des
différences spécifiques qui ne sont pas caractérisées
uniquement par plus ou moins de volatilité. Ainsi

au graissage des machines, beaucoup d'huile d'éclairage et
une certaine quantité d'huile très volatile pouvant être employée utilement pour dégraisser les étoffes, etc.

M. Hirn cite encore 1° les huiles que l'on tire des schistes
bitumineux de Lobsann, d'Autun, des environs de Bonne, etc.
C'est ce que nous appelons *huile de schiste*. La première partie
distillée fournit l'huile d'éclairage ; la seconde forme une
huile plus épaisse laquelle convenablement épurée et mêlée à
une huile fixe végétale ou animale est essentiellement propre
au graissage des machines ; la troisième enfin sert à faire
l'asphalte.

2° Celles que l'on tire des sables bitumineux, ceux de
Pechelbronn par exemple. Le produit de la première distillation est plus riche en huile d'éclairage que celui des schistes ;
la seconde distillation d'ailleurs donne les mêmes résultats
généraux : asphalte, huile à graisser de très bonne qualité et
huile d'éclairage.

chacune a une odeur propre qui permet à une personne un peu habituée d'en indiquer de suite l'origine.

Le danger que peut présenter l'emploi des huiles minérales dans l'éclairage, repose exclusivement sur la grande volatilité de deux des principes constituants de l'huile brute ou mal préparée et de la grande inflammabilité de leurs vapeurs au contact d'un corps en combustion ou chauffé au rouge ; sans ce contact l'inflammation est absolument impossible.

Une huile d'éclairage peut être considérée comme absolument *non dangereuse* lorsque renversée sur une planche chauffée à 30° ou 40° elle ne s'allume pas au contact d'un corps enflammé ; lorsqu'une lampe qui la contient et qui est allumée peut être renversée sans que l'huile du réservoir s'allume.

Ces conditions sont remplies et au delà lorsque dans la fabrication, on met à part toutes les premières parties de la distillation, dont le point d'ébullition est inférieur à 190° ou 200°. Ces premières parties bien épurées ne sont point perdues et peuvent servir à dégraisser les étoffes, à dissoudre certaines résines, à vernir, etc. (1).

L'huile qui bout entre 190° et 200° est celle qui

(1) Ce sont ces huiles très légères, dites *essences minérales*, produites par une première distillation, et dont il faut absolument débarrasser le pétrole pour qu'on puisse le brûler sans danger, dans les lampes américaines ou autres, que l'invention du gazo-lampe Mille dont nous allons parler, a utilisées pour la production du gaz, dit gaz artificiel, d'un emploi si fréquent et si utile aujourd'hui, dans les divers appareils ou lampes sans cheminée et sans mèche,

donne le plus de lumière ; celle qui bout à 230° ou 240° fume et ne peut plus servir à l'éclairage.

Les déplorables accidents auxquels donnent lieu fréquemment l'emploi des huiles minérales, doivent être attribués exclusivement à ce que les producteurs ne se préoccupent pas toujours de remplir les conditions indispensables indiquées ci-dessus et qu'ils laissent mêlés tous les produits de la distillation afin de pouvoir vendre à meilleur marché.

Pour être juste, il faut ajouter que le public, par la préférence inintelligente qu'il donne à tout ce qu'on lui offre à vil prix, ne favorise que trop la vente de ces produits inférieurs.

Dans les conditions que nous venons d'établir, l'usage de l'huile minérale est infiniment moins dangereux que celui de l'esprit-de-vin, dont tout le monde se sert, dans les ménages, pour faire bouillir de l'eau, préparer du thé, du café, etc...

I

ORIGINE DU PÉTROLE.

L'huile de pétrole tient une trop grande place dans l'industrie de l'éclairage, surtout depuis qu'on a imaginé de lui demander le *gaz* dit *artificiel*, dont l'emploi tend à se généraliser, pour qu'on ne soit pas curieux de connaître, non seulement la découverte et l'histoire de ce précieux produit naturel, mais encore son origine.

Cette origine a été indiquée par M. Paul de Rémusat, sous une forme tout à la fois attrayante et instructive, dans une remarquable étude que nous empruntons au *Journal des Débats*.

Nos lecteurs trouveront à la fois dans cet article des renseignements curieux sur le sujet qui nous occupe et des détails pleins d'intérêt sur les travaux d'une des plus grandes individualités de la science contemporaine.

« Les prédécesseurs de Lavoisier mélangeaient au hasard les substances pour obtenir des composés nouveaux dont ils cherchaient ensuite les propriétés ; mais de ces composés ils ignoraient la constitution et ne s'occupaient même pas des lois de la combinaison. La nature, l'essence même du corps qu'ils avaient créé leur échappait. Aussi, durant des siècles, leurs pénibles travaux n'ont-ils recueilli qu'un ensemble de connaissances qui mérite à peine le nom de science, tandis que Lavoisier, en renversant le principe, en quelques années, a créé la chimie, dont il a fait l'art d'analyser les corps, en quantité et en qualité.

« Il a découvert qu'il y a des substances élémentaires et des substances composées, et comment celles-ci sont constituées par celles-là. Il ne s'est point attaché à produire des corps nouveaux, mais à découvrir de quoi sont faits les corps connus. On sait comment il y a réussi, et, quand on lit ses vues d'ensemble comme les récits de ses expériences les plus familières, on n'hésite point à le placer au premier rang des esprits scientifiques de la science française. C'est, avec Descartes, le plus grand inventeur que notre pays ait vu naître.

« Après lui, la chimie est restée ce qu'il l'avait faite, c'est-à-dire une sorte d'anatomie des corps inanimés, et on est arrivé à une connaissance très réelle des lois qui président aux combinaisons et aux décompositions, d'abord de toutes les substances minérales, puis de celles qui entrent dans la composition des plantes et des animaux.

« Cette connaissance, tout approfondie qu'elle est, est-elle complète? Est-ce tout savoir d'une substance que de connaître sa composition? L'homme est-il bien connu par la seule anatomie? Même pour les êtres inanimés, surtout pour ceux-ci, ne peut-on aller au delà et chercher à refaire ce qu'on a détruit pour l'analyser? Cela n'est-il pas intéressant, surtout pour les substances que la nature nous présente toutes faites et qui se sont préparées comme d'elles-mêmes? La synthèse n'est-elle pas le complément naturel de l'analyse?

« Assurément, on n'avait dès longtemps nulle difficulté à reproduire les substances relativement simples, comme la craie ou le plâtre, dont les éléments ont des affinités profondes et forment une combinaison peu complexe, mais ces substances plus délicates qu'on ne rencontre que dans les tissus végétaux ou animaux, ces substances qu'on a appelées *organiques*, ne sont-elles pas d'une autre nature? Les difficultés semblaient telles, qu'on ne songeait même pas à les surmonter. Ici les éléments sont en petit nombre, la force qui les unit est très faible, la constitution est très compliquée. Tandis que les propriétés sont plus dissemblables que celles des minéraux les plus divers, les principes sont bien moins variés; et pourtant l'intérêt d'unir ces éléments et de reconstituer les substances organiques est bien plus grand que s'il s'agissait seulement des pierres et des roches.

Pour la plupart des hommes, le monde organique est profondément distinct du monde minéral. On reconnaît, pour ainsi dire, trois sortes de lois naturelles qui gouvernent, sans se confondre, les trois règnes de la nature. Or, sans affirmer qu'il n'y ait point dans les êtres vivants une force particulière, sans résoudre le problème qui partage la science, on peut se demander dans quelle mesure agit cette force, et si un grand nombre des phénomènes organiques de la nature ne sont point soustraits à son empire ?

« On sait depuis longtemps que les affinités chimiques et physiques les plus grossières conservent partout leur action ordinaire : ainsi les corps vivants sont décomposés par la chaleur, et beaucoup de compositions et de décompositions se font dans les tissus, comme dans une cornue. L'arsenic donne, avec le blanc d'œuf, un composé insoluble et innocent, aussi bien dans l'estomac d'un homme empoisonné que dans un verre à expérience.

« Mais si les doubles décompositions minérales ont été longtemps observées au sein de la nature vivante, sans que la vie les modifie en rien, en est-il de même des combinaisons plus délicates produisant ces substances complexes et peu stables qui forment le tissu des muscles, le bois ou la fleur ? Pour donner naissance à des cellules et à des membranes, ne faut-il pas que les éléments s'unissent en vertu d'une puissance qui n'est point l'affinité et qui ne réside que dans les êtres vivants ?

« Depuis Buffon jusqu'à Berzélius, on n'en a point douté. Le premier, pour qui la chimie n'était pas, croyait même que la nature organique existait de tout temps et servait indéfiniment aux hommes, aux animaux et aux plantes. Le second, à qui une science plus avancée interdisait de telles hypothèses, persistait à admettre la diversité fondamentale des forces qui régissent les métamorphoses de la matière minérale dans la nature vivante.

« En dépit de ces autorités et de difficultés bien plus sérieuses qu'aucune autorité, M. Berthelot, se confiant à quelques tentatives heureuses de ses devanciers ; se rappelant que la plupart des substances organiques peuvent par les procédés ordinaires de la chimie, se dédoubler et même se résoudre parfois en substances de nature inorganique sans qu'on puisse découvrir où se trouve cette force spéciale qui aurait présidé à leur composition ; réfléchissant qu'on n'avait jamais rencontré dans ces analyses aucun caractère limité et précis que l'intervention de la vie aurait pu imprimer ; animé surtout par une force plus vive qu'aucun raisonnement, par le génie même des découvertes, M. Berthelot, disons-nous, a songé à renverser à son tour le problème posé par Lavoisier et à refaire, par les forces que l'analyse met en évidence, les substances analysées.

« ..... Dès ses premiers travaux M. Berthelot avait lui-même augmenté le nombre des transformations de ce genre. Il avait obtenu la taurine, principe fort répandu chez les animaux supérieurs et qui, par une modification très simple, reproduit l'un des principes de la bile de bœuf et de celle de poisson ; puis l'essence de moutarde, etc. Mais le vrai problème consistait à combiner les éléments minéraux de ces substances, ou plutôt (car les éléments sont toujours identiques à eux-mêmes) de prendre ces éléments dans les minéraux, de les isoler, puis de former, par leur composition, la matière organique, non pas assurément un organe, encore moins un être vivant, mais les principes immédiats de ces êtres et de ces organes.

« Chaque jour rapprochait l'habile expérimenta-

teur de son but, mais bien longtemps il a été nécessaire, pour former une combinaison compliquée de
ce genre, de prendre pour point de départ un composé d'hydrogène et de carbone, c'est-à-dire un
corps considéré jusqu'ici comme organique : par des
décompositions, par des condensations, par des
substitutions, on en obtenait ainsi mille autres ; mais
on pouvait toujours craindre qu'entre ces deux éléments, qui s'unissent en tant de proportions et de
façons si diverses, ne se cachât la force inconnue
qui préside aux combinaisons dans les êtres vivants.

« Enfin, en faisant passer du gaz hydrogène sur
deux coins de charbon que traverse le courant d'une
forte pile, il a fait directement un premier carbure
d'hydrogène duquel beaucoup d'autres dérivent :
le propylène, l'amylène, la benzine, la naphtaline, etc., et il a composé quelques-unes de ces
substances binaires qui sont si diversifiées dans
leurs propriétés, non seulement par les différentes
proportions des deux éléments qui les composent,
mais par l'arrangement seul, le resserrement plus
ou moins grand de ces éléments en même proportion.

« On ne peut concevoir ces variations qu'en se
rappelant comment, avec des morceaux de bois de
deux couleurs seulement, on peut faire des parquets
de figures variées.

« L'énumération des substances obtenues par
cette méthode serait déjà considérable et n'aura
bientôt plus de limites : M. Berthelot en est même arrivé à produire ces éthers délicats qui donnent aux

fruits la saveur et le parfum ; l'éther formique, qui rappelle la pêche et le rhum ; les éthers butyrique et valérique, qui ont l'odeur de la pomme de reinette et de l'ananas ; l'essence d'amande amère ; celle de cannelle et de reine des près, etc...

« Mais la composition effective des matières organiques avec les éléments minéraux a conduit l'auteur à un résultat inattendu, le seul que je veuille indiquer ici : il a pu rechercher l'origine de quelques substances abondantes dans la nature et dont on ne s'explique point partout la présence : telles sont les huiles naturelles, et singulièrement l'huile de pétrole, carbure d'hydrogène très employé aujourd'hui dans l'Ancien et dans le Nouveau Monde, et dont la découverte, la recherche et le commerce ont fait et défait tant de fortunes ! ce pétrole que l'auteur de *Huit mois en Amérique*, nous présente en ces termes :

« Le *roi Pétrole* est d'origine récente, bien que
« déjà le rival du *roi Coton*. Ses premiers serviteurs
« furent les Indiens, qui employaient cette huile mi-
« nérale dans les cérémonies religieuses et l'appli-
« quaient en onguent aux blessures. Il se cachait alors
« dans les entrailles de la terre et ne se manifestait
« au dehors que par des sources clairsemées qui se
« mêlaient aux rivières, et dont le produit flottait
« sur les eaux. Les Français furent les premiers qui
« tentèrent de le délivrer de sa prison. On montre
« encore les excavations qu'ils pratiquèrent pour dé-
« couvrir sa demeure... La première source qui ait
« été exploitée jaillit, en 1845, par hasard, sous la
« pioche d'un mineur..... On estime à 62,000 milles

« carrés, dans 8 États seulement, l'étendue du gise-
« ment des huiles bitumineuses que produit le pé-
« trole. Il y a là une richesse incommensurable. Mal-
« gré l'épuisement d'un grand nombre de sources
« des plus abondantes, l'industrie du pétrole se dé-
« veloppe avec une nouvelle rapidité ; elle occupe
« des milliers de bras et fait tourner bien des têtes,
« par suite de la fureur avec laquelle la spéculation
« s'y précipite. »

« L'huile de pétrole, un carbure d'hydrogène,
ne pouvait être considéré, avant M. Berthelot, que
comme le produit de la condensation, de la décomposition des matières organiques, de ces arbres en-
sevelis sous la terre, derniers vestiges des antiques
forêts anté diluviennes. Depuis 1863, époque à laquelle remonte un savant mémoire de M. Berthelot
sur cet objet, on sait que ces carbures peuvent se
faire par la combinaison directe de leurs éléments,
et qu'ils ne sont pas nécessairement traversés par
un organisme vivant.

« Pour être récentes dans les laboratoires, les réactions de ce genre peuvent dater de loin dans la nature, et les carbures ont pu parfaitement se former au
sein de la terre. La théorie est certainement nouvelle, mais le phénomène est très ancien, ce qui ne
rend pas la théorie moins bonne.

« En effet, dans les émanations volcaniques, on
distingue très souvent des hydrogènes carburés,
dont on s'expliquait mal jusqu'ici la présence ; or,
voici comment les choses peuvent se passer pour
les pétroles et les bitumes qui se dégagent de l'épaisseur de l'écorce terrestre.

« A la surface de la terre, toute matière est enveloppée d'air et les substances avides d'oxygène en sont naturellement saturées. Mais, comme l'a fait observer M. Daubrée, il n'en est pas de même dans l'intérieur du globe. Les métaux alcalins eux-mêmes, comme le potassium et le sodium, qui ont une telle affinité pour l'oxygène que l'eau est immédiatement décomposée par eux, peuvent se trouver purs à quelque profondeur et ne s'oxydent que dans quelques cas. A l'état libre, ils doivent être souvent en contact avec l'acide carbonique et avec les carbonates humides. L'eau est alors décomposée, les métaux s'oxydent et les acétylures, ou combinaisons de carbures d'hydrogène, se forment et deviennent bientôt de l'acétylène. Cet acétylène ne subsiste pas, par suite de la chaleur même et de la présence de l'hydrogène en excès, à l'état naissant, c'est-à-dire dans les meilleures conditions pour réagir.

« Alors, dans ces laboratoires mystérieux, comme entre les mains de M. Berthelot, l'acétylène se condense, se transforme en se combinant à lui-même, et les produits qui en résultent se rapprochent du bitume, du goudron, du pétrole.

« Cette production peut être incessante, car les réactions se renouvellent d'une manière continue. Au contraire, elle serait nécessairement très limitée si elle était due à la décomposition partielle de substances végétales enfouies, débris de la nature antédiluvienne. Il résulte aussi de cette théorie que les carbures d'hydrogène trouvés dans quelques pierres météoriques ne démontrent pas, comme on l'avait cru, d'une manière irréfragable, l'existence

d'une végétation dans les planètes dont ces pierres
sont la substance. Ces carbures peuvent s'y être
formés par les seules affinités chimiques, sans que
la vie soit intervenue.

« ..... L'hypothèse de M. Berthelot sur la naissance de l'huile de pétrole apparaît encore féconde
quand on se reporte aux chances d'épuisement qui
menacent les bassins houilliers jusqu'ici connus. On
a constaté que la consommation de la houille double tous les quinze ans, comme un capital placé à
intérêts composés; or, si cette loi ne se modifie pas,
dans deux siècles, les couches que nous exploitons
aujourd'hui seront épuisées. Déjà on est contraint de
rechercher et d'extraire un charbon de médiocre
qualité qu'on dédaignait autrefois.

« Tout ce qui tend à remplacer les combustibles
en usage devient donc intéressant pour nous, et le
goudron, les huiles naturelles, le pétrole, surtout si
la formation en est permanente, seront peut-être
bien précieux un jour.

« On s'inquiète déjà de procédés bien plus com-
pliqués et bien plus difficiles pour obtenir de la chaleur. Ainsi, par exemple, celui qui consiste à condenser les rayons du soleil et à en garder la
chaleur dans des caves : on emmagasinerait des
morceaux d'argiles, ou de tout autre substance
chauffée, comme on emmagasine la glace dans les
glacières (1).

« Avant que ce procédé soit devenu pratique,
d'autres agents auront sans doute remplacé la cha-

____

(1) Voir ci-après la *Machine-soleil*.

leur dans la plupart de ses usages et les sources de
force se seront multipliées. Mais dans tous les cas,
et en écartant les conséquences pratiques, un peu
douteuses, en admettant que, toute minérale qu'elle
soit, la production de l'huile de pétrole ne se tien-
drait jamais au niveau de la consommation, l'hypothèse n'en est pas moins ingénieuse et l'application des méthodes de synthèse artificielle à la
formation naturelle des substances organiques ne
sera pas inutile pour compléter la théorie des vol-
cans et des émanations volcaniques, et M. Berthelot,
alors qu'il n'aurait pas tant d'autres titres à la célébrité, justifierait, par ce seul fait, ces paroles qu'on
attribue à M. Thénard qui, en joignant la gloire in-
contestée d'un de ses maîtres aux espérances qu'il
concevait pour un jeune élève, disait à la fin de sa
vie : « Berthelot sera un Berthollet (1). »

(1) *Journal des Débats*, 26 février 1867.

I

LA MACHINE-SOLEIL.

Le projet d'emmagasinement des rayons du soleil dont M. de Rémusat vient de faire accidentellement mention, nous remet en mémoire une causerie scientifique d'un de ses éminents confrères des *Débats* dans lequel M. de Parville, avec l'esprit aimable et l'autorité scientifique qu'on lui connaît, établit d'une façon aussi intéressante que claire et précise, les tentatives faites jusqu'à ce jour pour faire intervenir le soleil comme agent direct et immédiat de chauffage.

Bien que ces détails ne se rapportent pas tout à fait à notre sujet, nous croyons devoir ouvrir à son profit une large parenthèse.

« Il paraît décidément, dit le sympathique auteur des *Causeries scientifiques* (1), que pour que l'attention se porte sur certaines inventions, il est nécessaire qu'elles commencent par traverser l'Atlantique.

(1) Les articles de M. de Parville sont depuis 1861 recueillis et mis en volume chaque année sous le titre de *Causeries scientifiques*.

« On pouvait lire, il y a quelque temps dans presque tous les journaux que M. Ériceson, l'heureux inventeur des moteurs qui portent son nom, avait su mettre en cage les rayons du soleil et supprimer ainsi cet intermédiaire coûteux que nous appelons « houille ». Des machines fonctionnaient déjà en Amérique, ajoutait-on, à l'aide de vapeur directement produite par les rayons solaires.

« Les uns conclurent de cette nouvelle, que l'on s'amusait à leurs dépens ; les autres que l'on n'aurait bientôt plus besoin de renouveler son bûcher.

« Si tout le monde pouvait comme Ériceson, emporter dans sa poche un morceau de soleil, en vérité, il faudrait le dire, que d'économies !

« On s'est trompé de part et d'autre. Les marchands de bois et de charbon peuvent se rassurer. Il est faux qu'il soit question de mettre le soleil en adjudication, même par lots. Nous n'en sommes pas là. Il est tout aussi peu exact qu'Ériceson n'ait pas commis quelque tentative assez heureuse pour condenser sur place les rayons solaires qui s'éparpillent de tous côtés en pure perte. Ces rayons sont partout ; c'est un bouquet à cueillir, voilà tout.

« L'essai d'Ériceson d'ailleurs, n'a rien de neuf. Il est inutile d'aller en Amérique pour entendre parler des *Machines-soleil*. Il y a longtemps déjà qu'un professeur du lycée de Tours, M. Mouchot, a étudié dans leurs détails ces sortes de machines et réalisé plusieurs appareils intéressants. Du reste, les premiers essais faits dans cette voie remontent bien haut, à Salomon de Caus..... On se rappelle aussi la fameuse marmite d'Herschell au cap de

Bonne-Espérance et l'appareil de Saussure au sommet des Alpes.

« Les radiations solaires augmentent d'intensité quand on s'élève à de grandes hauteurs. La chaleur n'a plus à traverser une aussi grande épaisseur d'atmosphère et se perd moins en route. Aussi le thermomètre à boule noircie accuse-t-il des températures très supérieures à celles que l'on constaterait à la surface du sol. Donc si vous placez sous cloche un récipient mauvais conducteur et enduit extérieurement de noir de fumée, substance qui absorbe à un haut degré le calorique, vous aurez vite un foyer de chaleur intense. La chaleur passe par le verre et ne peut plus, par suite d'une propriété heureuse, rebrousser chemin.

« Elle est entrée, elle reste. En dix minutes la température dépasse de beaucoup 100°. Par conséquent, placez à l'intérieur, de l'eau, de la viande et des légumes et votre pot au feu cuira en plein air, sans une parcelle de bois, ni de charbon ; c'est la marmite-soleil.

« Il n'est pas nécessaire d'être sur la cime des arbres pour l'éprouver ; au mois de juillet, à Paris, il ne faudrait pas augmenter ses dimensions et essayer d'y prendre un bain ; n'en sortirait pas qui voudrait.

« M. Mouchot a renouvelé les merveilles de la marmite d'Herschell, il a installé devant un réflecteur en plaqué d'argent, une broche et il a fait rôtir un gigot.

« D'après des expériences approximatives de Pouillet, le soleil, à la latitude de Paris, lance chaque jour, pendant neuf ou dix heures, été comme hiver, environ dix calories par minute et par mètre carré.

« On entend par calorie la quantité de chaleur nécessaire pour élever d'un degré centésimal la température d'un kilogramme d'eau. Donc la quantité de chaleur qui nous arrive de l'espace est suffisante pour faire bouillir en moins de dix minutes un litre d'eau prise à la température moyenne.

« Le rayonnement, le refroidissement par les contacts et par le sol empêchent la chaleur de s'accumuler sur un même point et d'élever aussi haut la température dans les conditions ordinaires ; il faut, du reste, ne pas nous en plaindre, autrement, en quelques heures, le soleil ferait de nous du charbon et nous distillerait sans pitié comme on distille la houille dans nos usines.

« Le calorique, ordinairement perdu, peut être recueilli par le procédé de Saussure. M. Mouchot prend, en effet, comme le savant voyageur, un vase métallique, noirci extérieurement, le recouvre d'une cloche de verre mince et l'expose à l'insolation directe en y projetant encore un notable surcroît de chaleur à l'aide d'un réflecteur. Avec un réservoir vide ainsi construit, en moins d'une demi-heure, la température s'élève à plus de 200°.

« Ce récepteur avait été breveté le 4 mars 1861, mais l'auteur laissa périmer le brevet, dès qu'il lui fut permis de continuer ses expériences à Meudon. En 1864, il construisit une petite chaudière chauffée par le soleil. En 1866, il avait réalisé une petite machine à vapeur alimentée par un foyer solaire.

« Depuis cette époque, M. Mouchot a réussi à faire cuire au soleil de la viande, des légumes, du pain ; il a distillé de l'eau-de-vie et fourni la vapeur nécessaire à plusieurs moteurs.

« Les bords de la Seine n'ont donc rien à envier aux bords de l'Ohio et M. Mouchot a battu M. Ériccson de plusieurs longueurs transatlantiques !

« Maintenant on peut parler confidentiellement de l'avenir de la machine-soleil. Pour l'industrie, qu'en penser ? la surface de chauffe joue, on le conçoit, un rôle dominant. Or, au prix où est le terrain dans nos grandes villes, une chaudière solaire, à défaut de charbon, absorberait assurément beaucoup d'argent. L'espace correspondant au bassin des Tuileries ne se placerait pas commodément dans tous les ateliers de Paris et je ne pense pas que l'administration de la guerre céderait volontiers le champ de Mars pour le transformer en chaudière universelle où toutes les industries viendraient puiser leur vapeur. On nous renverrait d'ailleurs à l'idée tout aussi féconde de Jobard qui proposait de creuser un puits artésien jusqu'à la nappe d'eau bouillante. La vapeur sortirait par ce conduit souterrain et on la débiterait aux Parisiens comme on leur débite l'eau aujourd'hui.

« Il ne faut pas oublier d'ailleurs que le soleil n'est pas visible à toute heure. Si on l'employait pour le tirage des journaux, les abonnés auraient souvent besoin de consulter leur baromètre pour savoir s'ils recevraient le cours de la Bourse.

« Les esprits réfléchis, ont déjà compris que vouloir faire marcher nos moteurs à vapeur par la chaleur solaire, c'est en détourner d'un seul coup les premiers avantages et en revenir aux moteurs naturels. La supériorité de nos moteurs modernes réside justement dans cette faculté incomparable d'être toujours prêts à fonctionner. Ce sont des serviteurs dociles et infatigables.

« Pour se servir des chaudières solaires utilement, il faudrait emmagasiner de la chaleur pour n'en pas manquer les jours où le soleil fait défaut ; mais la chaleur s'échappe. Un bon moulin emmagasine la force parce que l'eau montée est toute prête à retomber et à travailler quand l'atmosphère est calme.

« La machine solaire sera toujours une travailleuse fantaisiste... En définitive et ces restrictions faites, les machines-soleil ont encore des applications considérables. Dans les exploitations agricoles, dans les distilleries, partout où la place ne manque pas, elles pourraient se multiplier. Pour magnaneries, pour chauffage, pour lavoirs et bains, les foyers solaires présenteraient des avantages évidents. Pour les irrigations, l'arrosage, partout enfin où le travail mécanique n'a pas besoin de se produire à heure fixe, la chaleur directe trouverait une utilisation immédiate.

« Par conséquent et pour conclure, s'il ne faut pas exagérer l'importance de la machine-soleil, il sera bon aussi de se rappeler que dans beaucoup de circonstances elle peut être appelée à devenir un auxiliaire précieux. »

MILLE (ADOLPHE)

I

LE GAZO-LAMPE

L'éclairage au pétrole avait conquis, en France, ses droits de nationalité, et, grâce aux améliorations successives apportées à la construction des lampes, à la forme des mèches et à celles des cheminées de verre, il ne semblait pas possible que les huiles minérales pussent offrir un meilleur système, lorsque le gaz Mille vint tout à coup ouvrir une nouvelle phase à l'éclairage par les huiles minérales.

Il ne s'agissait plus cette fois de faire brûler le liquide lui-même, mais d'en faire dégager instantanément, au fur et à mesure des besoins, sans autre appareil que la lampe même, et sans aucun danger d'explosion ou d'incendie, un gaz éclairant.

Laissons ici parler un des juges les plus compétents des applications de la science à l'industrie :

« Cet appareil, dit M. l'abbé Moigno, est le premier qui, sans le secours du feu et sans mécanisme aucun, ait fait passer l'air atmosphérique ambiant à l'état de gaz inflammable parfaitement propre au chauffage et à l'éclairage.

« Il est alimenté par les essences, ou huiles très légères de pétrole, premier produit de la fabrication des huiles brutes, et dont il faut absolument dépouiller ces huiles pour qu'on puisse les brûler sans danger dans les lampes à mèches.

« Vaporisables au-dessus de 100 degrés, ces essences pèsent de 650 à 700, la densité de l'eau étant 1000. Elles ne contiennent aucun acide gras et n'avaient jusqu'à présent d'autre emploi que de remplacer, dans la peinture en bâtiment, ou dans le dégraissage des étoffes, l'essence de térébenthine, devenue plus rare et plus chère depuis la guerre d'Amérique : les convertir en gaz était le meilleur parti à en tirer.

« Le gazo-lampe est tantôt portatif ou mobile, tantôt fixe ou immobile... Dans l'un comme dans l'autre cas, il se compose de deux récipients concentriques : l'un, extérieur, en zinc, fer-blanc ou cuivre ; l'autre, intérieur, en tôle de fer ou de cuivre. Le récipient intérieur, qui n'est séparé du récipient extérieur que par une mince couche d'air, est rempli d'éponge, de morceaux de coke ou de toute autre substance absorbante non tassée.

« On verse de l'essence de pétrole par une ouverture supérieure, de manière que le corps poreux du récipient intérieur en soit imbibé sans excès, et le gazo-lampe est prêt à fonctionner. L'air atmosphérique, par sa simple pression et son pouvoir naturel de diffusion, entre par l'ouverture dans le récipient intérieur, le lèche sur sa surface, traverse

aussi la matière spongieuse, se charge de vapeurs
d'hydrocarbure, les transforme en gaz plus lourd
que l'air, descend au fond du récipient, sort par un
orifice intérieur, et entre dans le tube en caout-
chouc ou en métal, qui le conduit au bec, où il brûle
avec une flamme très dense et très blanche. »

Que l'appareil soit à flamme placée latéralement,
ou, au moyen d'une légère modification dans la construction, brûlant à son sommet, « le principe auquel il faut satisfaire, continue M. Moigno, c'est
que le corps spongieux ne soit pas trop serré ; que
l'air qui entre puisse le lécher sur toute sa surface
intérieure et extérieure.

« En outre de ses applications à l'éclairage et au
chauffage, le gazo-lampe Mille est appelé, et ce sera
un de ses plus grands succès, à engendrer le gaz qui
alimente le moteur Lenoir, source si précieuse de
puissance mécanique ; ce moteur, en effet, déjà si
recherché (1) ne pourra pénétrer partout et rendre à
la mécanique, dans les petites villes et les campa-
gnes, les services considérables qu'elle en attend
qu'autant qu'il portera avec lui l'appareil générateur
du gaz qui lui donne la vie.

« ... On nous pardonnera, ajoute M. l'abbé Moigno,
d'avoir raconté l'histoire de la lampe sans liquide,
ou à gaz, quand on saura que, pendant six longues
années, nous avons tout mis en œuvre pour conserver à M. Mille, qui n'était qu'un pauvre ouvrier
mineur, la propriété et la gloire de la découverte

(1) Voir ce que nous disions plus haut à ce sujet, biographie de Philippe Lebon.

qu'il a faite sous nos yeux et presque dans notre cabinet de travail. Peu s'en est fallu, malgré tous nos
efforts, que son nom n'allât prendre sa douloureuse
place dans le martyrologe des inventeurs, mais il
triomphe, enfin ou il triomphera, et nous reproduisons avec bonheur l'article consacré à son exposition par le *Petit Moniteur universel* du 22 mai (1) :

« Imaginez-vous une lampe qui peut brûler sans
liquide, que l'on peut pencher, renverser même tout
à fait sans avoir à craindre de répandre son contenu.

« Elle n'est sujette à aucun danger d'explosion et
donne une lumière plus belle et plus éclairante que
les huiles les mieux purifiées ; sa durée est de
quatre à seize heures suivant l'intensité de lumière
que l'on veut obtenir. Cette lampe s'allume instantanément, comme une flamme électrique ; elle s'é-
teint de même sans fumée et ne dépense pas plus
de 1 centime par heure en donnant une lumière
équivalant à deux bougies.

« Tout cela est invraisemblable, et cependant
rien n'est plus vrai. Il y a plus encore : la mèche
de la lampe à gaz ne brûle pas et ne brûlant pas
elle dure indéfiniment. Son rôle est purement pas-
sif : elle sert uniquement à conduire la matière
combustible, au moyen d'une disposition particulière du récipient ; la lampe pourrait même brûler
sans mèche, comme cela a lieu pour les grands
appareils d'éclairage que M. Mille veut substituer à
ceux qui fonctionnent avec le gaz ordinaire.

(1) 1867.

« Nous n'en avons pas fini avec ce petit appareil
si utile : l'essence avec laquelle on le charge, au lieu
de tacher, peut enlever sur toute étoffe les taches
de corps gras, de peinture, mieux que ne le feraient
les benzines... Ce système a été appliqué à toutes
espèce de lampes, depuis la lampe de cuisine jusqu'à celle de salon. Mais, ouvrier lui-même, ce que
M. Mille a cherché et obtenu avant tout, c'est de
mettre ses lampes à la portée des ouvriers : nous
avons vu des lampes de 1 franc et même au-des-
sous, fort propres et très présentables. »

Ajoutons à cette citation ces quelques lignes, par
lesquelles M. Moigno résume le système Mille :

« Un corps spongieux à l'intérieur ; une mèche
qui touche simplement l'éponge et sort par un tube
supérieur ; une petite grille métallique entourant
l'éponge pour laisser un libre passage à l'air, et,
pour son alimentation, un liquide ni trop lourd, ni
trop léger, intermédiaire entre les essences qui
pèsent de 650 à 700 et les huiles d'éclairage qui
pèsent de 800 à 850 : voilà les caractères distincts
de la lampe à gaz et sans liquide de M. Mille. Ses
avantages sont : une lumière plus belle, une économie de 80 0/0 sur les modes d'éclairage connus, une
grande propreté, l'absence complète de risques d'in
cendie ou d'explosion.

II

Comment, des gazo-lampes ou lampes à éponge de
Mille, en est-on si rapidement arrivé aux appareils à deux, quatre, six, huit becs qui, par l'admirable clarté qu'ils répandent, justifient pleinement
le nom de gaz artificiel donné au système qui nous
semble réaliser le meilleur mode d'éclairage qui ait
été obtenu jusqu'ici, là où le gaz hydrogène ne peut
être employé.

Malgré nos efforts, nous n'avons pu rattacher les
chaînons brisés et épars de cette filière, qui n'a cependant que quelques années d'existence.

Exploité par la maison Leplay et Noël, et presque aussitôt abandonné par elle, le gazo-lampe,
sous sa forme la plus simple et la plus usuelle, celle
des petites lampes portatives à éponge, tomba dans
le domaine public, fut fabriqué en immense quantité,
mais sans recevoir aucune amélioration notable.

L'attention des chercheurs s'était tournée d'un
autre côté : appliquer à l'essence minérale ce qui
s'était fait autrefois pour l'alcool et l'essence de térébenthine, c'est-à-dire arriver à obtenir un véritable gaz, brûlant sans mèche, sans odeur et sans
fumée.

Dès l'abord, deux ou trois constructeurs se trouvèrent en présence, pouvant au même titre réclamer

le mérite d'inventeurs, plusieurs autres survinrent, apportant des modifications assez notables pour leur donner le droit d'entrer légalement en concurrence.

Parmi ces derniers, nous citerons la maison Déclaire (1) dont les appareils employés par nous depuis trois ans nous ont constamment donné les résultats les plus satisfaisants, tant sous le rapport économique que sous le rapport de la clarté douce, égale qu'ils répandent.

Une heureuse innovation, due à M. Déclaire, consiste dans un modérateur qui permet de régler la lumière et de la réduire à celle que fournit une simple veilleuse.

Le système peut être adapté à toute espèce de lampes anciennes, et les nouveaux appareils sont pour la plupart disposés de façon à servir à volonté de lampe et de réchaud.

Enfin, grâce à l'ingéniosité de l'habile inventeur, le gaz artificiel reçoit toutes les applications du gaz hydrogène; il chauffe des fourneaux construits *ad hoc* et peut, comme le gazo-lampe Mille, servir de moteur à une machine.

Le bon marché de ces divers appareils les met à la portée de toutes les bourses, et quand on compare la belle, pure et saine lumière qu'ils répandent aux lampes fumeuses ou aux tristes chandelles qui éclairaient, il y a trente ans à peine, les modestes intérieurs des petits ménages, on ne peut s'empêcher d'insister sur ce que l'industrie et la science ont fait en un aussi court espace de temps, pour le bien-être et la santé du peuple.

(1) 20, rue Saint-Placide à Paris.

Qu'il nous soit permis de faire remarquer ici que l'extension de ce bien-être au foyer de la famille, ne doit pas être seulement considéré au point de vue matériel, mais encore et surtout au point de vue moral.

Par exemple, en la matière qui nous occupe, cette lumière claire et gaie ne facilite pas seulement le travail, ne ménage pas seulement les yeux ; elle réjouit le cœur ; elle attire, elle retient au logis le père près de ses enfants, le mari à côté de sa femme. On se plaît où on se trouve bien et l'esprit de famille gagne singulièrement à la sage ordonnance et à la bonne tenue de l'intérieur.

Avis aux bonnes ménagères, aux filles et aux sœurs dévouées qui ambitionnent de conquérir et de garder le cœur de ceux qu'elles chérissent : qu'elles leur fassent le doux nid de la famille si confortable, si agréable que, nulle autre part ils ne se trouvent aussi bien que chez eux.

I

LÉON FOUCAULT.

(1789-1868)

« La pile voltaïque est, après le soleil, la source de lumière la plus puissante que l'on connaisse. C'est à l'illustre chimiste anglais, sir Humphry Davy, que l'on doit la découverte de ce phénomène merveilleux, aujourd'hui connu de tout le monde.

« Il avait observé que si l'on termine chacun des électrodes par un morceau de charbon de bois taillé en pointe, la lumière électrique prend une intensité prodigieuse ; mais comme en expérimentant à l'air libre, les deux pointes de charbon, par suite de l'extrême élévation de la température, ne tardaient pas à se consumer, ce qui arrêtait la production du phénomène, il imagina de renfermer les deux pôles de la pile, armés chacun d'une pointe de charbon, dans un vase de verre hermétiquement clos et de faire le vide dans ce dernier au moyen de la machine pneumatique.

« De cette façon, Davy évitait la combustion du charbon et il pouvait prolonger un certain temps la durée de l'axe lumineux, mais, en obviant à un inconvénient, le célèbre chimiste était tombé dans un autre.

« En effet, la fumée abondante, dégagée par le charbon végétal employé par lui, obscurcissait promptement les parois du verre ; ajoutons que les piles voltaïques connues alors ne pouvaient produire longtemps un courant énergique, ce qui limitait encore la durée du phénomène.

« Cette admirable expérience menaçait donc de demeurer bien des années encore à l'état de simple démonstration, pour l'usage des cours de physique, lorsque parut la pile de Bunsen (1843). Cet ingénieux appareil, en permettant d'obtenir un courant électrique continu et d'un effet énergique, résolvait l'une des difficultés du problème.

« Restait la difficulté provenant de l'emploi du charbon de bois, mais elle ne devait pas tarder à être levée par un physicien français des plus éminents, Léon Foucault qui, l'année suivante, imaginait de substituer aux pointes de charbon de bois de Davy, de petites baguettes taillées dans des morceaux de coke provenant de la distillation de la houille. La densité, la dureté et la très faible combustibilité de cette espèce de charbon, permettant de produire la lumière électrique à l'air libre, dès ce moment, il devint possible d'employer cette lumière à l'éclairage.

« C'est encore à Léon Foucault que revient l'honneur d'en avoir fait la première application pratique, puisqu'il s'en servit aussitôt pour remplacer le soleil dans le microscope solaire.

« A la fin de cette même année 1844, un de nos

plus ingénieux constructeur, d'instruments de physique, Deleuil, essaya d'appliquer l'appareil de Foucault à l'éclairage public.

« Cet essai eut lieu sur la place de la Concorde, à Paris, et fut répété bientôt après, et à plusieurs reprises, par d'autres expérimentateurs.

« La solution du problème n'était néanmoins pas encore complète. En effet, bien que la combustion des pointes de coke fût assez lente, elles n'en brûlaient pas moins, et, par conséquent, se raccourcissaient peu à peu ; aussi, quand on voulait prolonger l'expérience, était-on obligé de munir l'appareil de deux vis que l'on manœuvrait à la main pour rapprocher les pointes de charbon, au fur et à mesure de leur combustion ; de là des intermittences continuelles dans la production de la lumière électrique et des variations considérables dans son intensité.

« Ce fut encore Léon Foucault qui réussit à parer à cet inconvénient, en construisant (en 1849) un appareil au moyen duquel le courant électrique lui-même règle la marche du charbon (1). »

D'autres appareils régulateurs de la lumière électrique ont été imaginés depuis, celui dont nous parlons n'en a pas moins conservé le mérite de l'invention, mérite qui rattache par un lien de plus le nom de Léon Foucault à la découverte, ou plutôt à l'appropriation de l'électricité à l'éclairage.

---

(1) Dupiney de Vorrepierre, *Dictionnaire français illustré et Encyclopédie universelle* (1875).

II

Léon Foucault, physicien célèbre, et auteur de travaux de premier ordre, naquit à Paris, le 18 septembre 1819. Son père, libraire-éditeur, est connu par l'importante publication des *Mémoires relatifs à l'histoire de France*.

La plus grande partie des études du jeune Foucault fut faite dans la maison paternelle ; bien que privées du puissant stimulant de l'émulation, ces études furent solides et complètes.

Obligé de choisir une carrière, le jeune homme opta pour la médecine, qui lui permettait de suivre en partie son goût inné pour les sciences d'observation, sciences dans lesquelles déjà il était loin d'être novice.

Il apporta à ses nouvelles études, l'ardeur consciencieuse que, dès sa plus tendre enfance, on lui avait vu mettre au travail, et il acquit, sur la physiologie, des connaissances qui devaient trouver leur emploi, même dans des recherches relatives à la nature inorganique.

Sur ces entrefaites, Daguerre ayant fait l'importante, on pourrait dire *la merveilleuse découverte* à laquelle son nom est resté glorieusement attaché, Léon Foucault y trouva une sorte de révélation de sa vraie vocation expérimentale.

Sa voie, désormais, était tracée : le médecin disparut pour faire place au savant physicien ; ce ne fut plus, comme on avait pu le croire d'abord, un simple goût d'amateur, ce fut une passion provenant d'un goût naturel.

On peut dire, continue M. Babinet, qui nous sert de guide pour la première partie de cette étude (1), on peut dire qu'il devint subitement opticien. Il se familiarisa promptement avec toutes les théories de l'optique et de la lumière. M. Donnet, excellent physiologiste et physicien, se l'attacha comme préparateur et collaborateur pour son cours de microscopie médicale.

Cette collaboration dura trois ans, au cours desquels Léon Foucault, frappé des inconvénients qu'entraîne l'inconstance de notre climat, par rapport à l'emploi des rayons solaires qui font souvent défaut à l'observateur, imagina, ainsi que nous l'avons déjà dit, de substituer à la lumière du soleil celle de l'électricité, qui ne manque jamais ni en aucun lieu ni en aucun temps.

En 1844, il fit entrer cette idée dans la pratique et l'étendit bien au delà des bornes qu'il lui avait assignées d'abord, en construisant l'appareil illuminateur qui a retenu son nom : appareil où la lumière qui éclate entre les deux charbons qui terminent les deux jets communiquant aux deux pôles d'une pile de Volta, remplaçait le soleil et permettait de répéter, à toute heure, et en toute localité toutes les expériences d'optique.

(1) Notice rédigée pour la *Nouvelle biographie générale*, publiée par Firmin Didot.

Cet appareil a été depuis adopté universellement pour les cours de physique et pour les recherches d'optique pure et appliquée. On ne voit guère aujourd'hui comment on pourrait s'en passer, et on a peine à admettre que son invention soit si récente.

Combien d'autres découvertes, dans la science et dans l'industrie, provoquent le même sentiment de surprise ; si simple, si usuel est le fonctionnement de tel ou tel phénomène ; son emploi semble s'imposer si naturellement, nous dirions volontiers si forcément, que la plupart du temps on ne songe pas même à se demander à qui est dû l'honneur de sa découverte et à quelle époque a été faite cette découverte.

Quant à se préoccuper comment on pouvait faire pour s'en passer, l'idée n'en vient à personne. Qu'il s'écoule encore une ou deux générations, les gens les plus sérieux seront tentés, en parlant des grandes découvertes qui ont marqué le commencement de notre siècle, de s'imaginer qu'elles se sont toujours imposées à l'humanité.

La lumière électrique de l'appareil Foucault ne tarda pas à devenir un agent industriel important dans l'éclairage, pour la nuit, des ateliers et des chantiers les plus vastes à ciel découvert de manière à pouvoir ne jamais interrompre des travaux urgents.

Cette brillante découverte, qui révélait en même temps un physicien de premier ordre et un mécanicien non moins habile, ne pouvait manquer d'attirer l'attention du monde savant et de créer à son jeune auteur de précieuses relations.

C'est ainsi que s'opéra le rapprochement ou plutôt la collaboration qui, en réunissant les observations et les recherches de Léon Foucault et de l'éminent physicien Hippolyte Fizeau, amena toute cette série de travaux sur l'optique, dont la science et l'industrie ont retiré tant de fruits, travaux d'autant plus remarquables par leur originalité et par leurs déductions théoriques, que, dans cet ordre de connaissances, les études antérieures de Huyghens, de Malus, d'Arago, de Young et surtout de Fresnel, ne permettaient guère d'espérer des progrès importants.

Nous citerons parmi ces travaux faits en commun par les deux éminents expérimentateurs : 1° la comparaison de l'éclat de la lumière de la pile avec celui de la lumière du soleil, au moyen de procédés photographiques : les rayons électriques furent trouvés être environ les deux cinquièmes de ceux du soleil ; 2° la production de bandes d'interférence au moyen de rayons, différant dans leur marche d'une quantité considérable par l'emploi d'une lumière rendue homogène au dernier degré avec des prismes multiples. Chose merveilleuse ! au lieu d'apercevoir la septième ou la huitième alternative des couleurs récurrentes, on atteignait à la sept millième interférence au moins, résultat important pour la constitution de l'onde lumineuse et pour le mode de vibration de la molécule qui lui donne naissance ; 3° une étude complète et tout à fait nouvelle des lois de la polarisation chromatique, étude riche en faits nouveaux ; 4° l'interférence des rayons caloriques reconnue au moyen d'appareils spéciaux ;

5 l'action négative des rayons rouges extrêmes sur
es plaques daguerriennes déjà impressionnées.

Ces recherches, qui rappelaient celles de Fresnel,
et qui les complétaient en beaucoup de points, valurent aux deux actifs collaborateurs une célébrité
méritée et qui ne fut provoquée par aucun des arti-
fices au moyen desquels, suivant l'expression de
Fresnel lui-même, *on courtise la renommée.*

Dans la question si controversée en optique, où il
s'agit de savoir si la lumière va plus vite ou plus
lentement dans le vide que dans les corps transpa-
rents, Léon Foucault n'eut plus de collaborateur.
Cette importante recherche trancha définitivement le
débat entre les deux théories rivales de l'optique, en
faveur de la nature vibratoire de l'agent lumineux.

Arago, après avoir emprunté à M. Wheatstone
l'idée de son miroir tournant sans pouvoir arriver à
un résultat positif, avait engagé les jeunes physiciens à s'occuper de cette difficile expérience. Léon
Foucault répondit à cet appel par un succès complet, dû à un appareil des plus ingénieux, qui évitait
des difficultés insurmontables sans ce secours.

Nous ne pouvons donner ici une idée de cet appareil ; qu'il nous suffise de dire que le retard du
rayon qui traverse l'eau, comparativement au rayon
qui marche dans l'air, est mis en complète évidence.
Arago s'empressa d'applaudir sans réserve à l'expérience délicate qui avait enfin forcé la nature à
livrer un secret si longtemps gardé.

Par une aptitude intellectuelle spéciale, que ne
pouvaient faire pressentir ni ses travaux, ni ses
études antérieures, Léon Foucault se montra aussi

clairvoyant dans les épineuses théories de la mécanique qu'il l'avait été dans l'optique. Ayant compris
par le raisonnement qu'un pendule ordinaire, oscillant librement, devait suivre invariablement la même
route, il entrevit cette incroyable conséquence que
puisque la route du pendule était fixe dans l'espace,
elle devait servir de point de mire pour voir le dé-
placement graduel de la terre tournant sur elle-
même.

L'expérience confirma pleinement et exactement
cette vérité hardie et, certes, l'une des plus inat-
tendues de la mécanique du globe.

Ce fut une séance académique bien remarquable
que celle où Arago apporta cette brillante découverte à l'Institut et en établit les importantes déductions. La rotation de la terre est ici manifestée
sans prendre pour point de mire des objets étrangers, comme les corps célestes ou les rayons du
soleil qui tracent l'heure sur un cadran. C'est une
observation à domicile, et ce fut même dans une
cave que l'appareil pendulant de Léon Foucault, si
ingénieux et si simple, fonctionna pour la première
fois (1).

____

(1) Voici comment Léon Foucault, dans une notice rédigée
par lui sur ses travaux (1863), rend compte de ce premier
essai de sa découverte :

« Les oscillations dont le pendule a été si souvent l'objet,
sont surtout relatives à la durée de l'oscillation. Celles dont
il est ici question ont principalement porté sur la direction
du plan d'oscillation qui, se déplaçant graduellement d'Orient
en Occident, fournit un signe sensible du mouvement diurne
du globe terrestre ; afin d'arriver à justifier cette interprétation
d'un résultat constant, je fais abstraction du mouvement de

On sait que cette belle expérience est devenue célèbre dans le monde entier, et qu'il n'est point de corps ou d'association s'occupant de science qui ne se soit empressé de la répéter. Les publications

translation de la terre qui est sans influence sur le phénomène, et je suppose un pendule établi au pôle : si en pareille circonstance on lui communique une impulsion, l'arc du cercle décrit par le mouvement d'oscillation détermine un plan auquel l'inertie de la matière assure une position invariable dans l'espace, et au bout d'un certain temps le mouvement de la terre qui tourne d'Occident en Orient deviendra sensible par le contraire de l'immobilité du plan d'oscillation, dont la trace sur le sol semblera animée d'un mouvement conforme au mouvement apparent de la sphère céleste.

« Mais dans une station quelconque la vitesse de rotation de la terre, rapportée à l'horizon du lieu, diminue à mesure qu'on approche de l'équateur et varie en proportion du sinus de la latitude. Il fallait donc s'attendre à voir la déviation réduite dans le même rapport ; mais, à cela près, l'expérience devait réussir sous notre latitude aussi bien qu'au pôle.

« L'expérience a été faite, pour la première fois, dans la cave d'une maison particulière dont la voûte offrait pour la suspension un point d'appui solide. Le pendule avait deux mètres de long ; il était formé d'une sphère en laiton pesant 5 kilogrammes, suspendue par un mince fil d'acier qui, à son origine, était encastré dans une sorte de filière.

« Pour lancer le pendule, on écartait la masse de sa position d'équilibre en l'embrassant d'un fil de soie attaché à un point fixe, et, quand le tout était revenu au repos, on rompait ce fil en y mettant le feu. Le pendule entrait en marche, et au bout de quelques instants, on constatait une déviation vers la gauche.

« Pour faciliter l'observation, la masse est armée inférieurement d'un style qui, en oscillant passe au-dessus de repères disposés sur le contour d'un cercle divisé. Par ce moyen on a bientôt constaté que, sous notre latitude, le plan d'oscillation, dans sa déviation, fait moins d'un tour entier en 24 heures.

« Quelques jours après, l'expérience a été reproduite à l'Observatoire de Paris, sous une hauteur de 11 mètres, et l'on a auxquelles elle a donné naissance se comptent par centaines, en sorte que cette découverte marque un progrès dans la mécanique rationnelle, comme dans la physique mécanique.

Un autre appareil, d'une nature toute différente en principe, le *gyroscope,* fut déduit par Léon Foucault de la connaissance approfondie des lois de la rotation des corps, et surprit les mathématiciens les plus avancés dans cette belle théorie par la nouveauté de ses résultats. Ici, un corps mis en mouvement rotatoire est tout à fait isolé et librement suspendu dans l'espace.

Il va sans dire que, comme le pendule, le gyroscope donne de nouvelles indications qui rendent sensible et mesurent la rotation de la terre ; mais, par une particularité bien inattendue, cet appareil exécute des évolutions qui permettent de trouver l'orientation astronomique, dans un lieu quelconque, *sans aucune inspection du ciel et des astres,* résultat dont l'annonce eût paru fabuleuse avant la réalisation du fait.

Qui eût pu croire d'avance que la détermination du méridien fût possible, même au fond d'une mine ? rien n'est plus vrai, cependant, et même on peut at-

constaté que le plan d'oscillation dévie régulièrement dans tous les azimuts d'environ 1 degré en cinq minutes.

« Puis, enfin, un appareil de bien plus grande dimension, établi au Panthéon, a pu être observé avec suite et fournir une confirmation de la loi du sinus. »

(Notice sur les travaux de M. Léon Foucault.)

Paris, 9 janvier 1865.

teindre une certaine précision dans cette opération paradoxale.

Pour caractériser les recherches de Léon Foucault en ce qu'elles ont d'original, nous dirons qu'il a introduit la physique dans le domaine de l'astronomie. Dans plusieurs cas, il a pu mettre l'expérience au service d'une science qui n'avait jamais jusquelà procédé que par l'observation de phénomènes dont il fallait épier l'apparition (1).

Le mérite de cet éminent physicien n'a pas été seulement apprécié en France. Les sociétés savantes de l'étranger ont été unanimes à le proclamer.

La société royale de Londres lui décerna la médaille de Copley, récompense attribuée aux travaux qui ont marqué un progrès reconnu dans les sciences. Ce fut, croyons-nous, la première distinction honorifique qui consacra son génie en mécanique et en physique.

Nommé physicien de l'Observatoire en 1855, membre titulaire du bureau des longitudes et officier de la Légion d'honneur en 1862, membre de l'Académie des sciences en 1865, et bientôt après membre de l'Académie des sciences de Berlin et de la société royale de Londres, il rédigea, à partir de 1865 jusqu'à sa mort, les articles de science du *Journal des Débats*. Dans ces articles il a su, sans sacrifier jamais à la rigueur mathématique, rendre intelligibles à ses lecteurs les résultats les plus élevés des recherches modernes. On peut le mettre au rang des vulgarisateurs les plus consciencieux et les plus heu-

(1) M. Babinet.

reux, ce qui lui a procuré le rare avantage d'être connu et apprécié du public, hors de la sphère restreinte du domaine scientifique, — avantage, hâtons-nous de le dire, qu'il a partagé avec plus d'un de ses collègues de l'Institut, et notamment avec celui d'entre eux à qui nous avons emprunté presque textuellement la majeure partie des détails qui précèdent.

Cependant, ainsi en possession de méthodes d'investigations éprouvées et d'instruments puissants, Foucault ne semblait considérer tant de travaux accomplis que comme une préparation à de nouvelles et plus hautes recherches. Il résolut de se consacrer tout entier à l'étude de l'astronomie physique et de soumettre la constitution physique du soleil et des planètes à des observations plus concluantes que celles qui ont été faites jusqu'à nos jours, soit en fixant leurs images par la photographie, soit en étudiant directement ces images agrandies et projetées sur des écrans.

Il venait de terminer, dans la maison qu'il occupait rue d'Assas, depuis de longues années, de vastes travaux d'installation entrepris à cet effet, lorsqu'en juillet 1867 il fut surpris par les premières atteintes de la paralysie à laquelle il devait succomber au commencement de l'année suivante.

Les grandes vérités, les méthodes fécondes, les puissants appareils qu'on doit à Léon Foucault, le placent parmi les savants de premier ordre. « L'ar-« deur infatigable avec laquelle il poursuivit le « vrai, » dit M. Gavarret, « l'éloignement qu'il « éprouvait pour les routes battues, une admirable

« faculté d'intuition qui, bien souvent, lui a servi
« de guide infaillible, là où la démonstration rigou-
« reuse lui eût fait défaut ; tout, jusqu'à la méthode
« dont il ne s'est jamais écarté dans ses recherches,
« le rapproche des Galilée, des Descartes, des
« Huyghens, des Yung, des Fresnel... »

III

Ce ne sont pas les quelques pages qui nous res-
tent encore à remplir qui pourraient suffire à raconter les différentes phases par lesquelles a passé déjà
l'éclairage électrique. Un volume entier serait nécessaire pour retracer l'historique des efforts tentés, des résultats obtenus et cependant, s'il est à
peu près certain qu'à une époque relativement rapprochée, cette magnifique clarté que tous les Parisiens ont pu admirer déjà en maints endroits et
notamment dans l'avenue de l'Opéra, prévaudra
dans l'éclairage public de nos grandes villes et des
vastes établissements, il est loin d'être aussi certain
qu'elle puisse détrôner le gaz dans les divers usages de la vie privée.

Quoi qu'il en soit et sans chercher à prophétiser

l'avenir, nous allons résumer la situation telle qu'elle est au moment où nous écrivons ces lignes, non en imposant notre propre appréciation, mais en rappelant les expériences remarquables et nous oserons dire décisives qui ont eu lieu le 3 juin dernier au laboratoire de la *Compagnie générale d'éclairage électrique,* 57, *avenue du Maine*, d'après le procédé de M. Jamin, membre de l'Institut et professeur à l'École polytechnique.

Devant une nombreuse assistance, parmi laquelle nous avons remarqué MM. Jules Ferry, ministre de l'instruction publique, Gambetta, Antonin Proust, Dupuy de Lome, Graeff, ancien ministre des travaux publics; Dumas, de l'Institut; Vaucorbeil, directeur de l'Opéra; Georges Berger, directeur des sections étrangères à l'Exposition universelle; Béhic, Engelhard, membre du conseil municipal; Menard, Danbé, Denormandie, d'Eichtal, Coumes, Simons, un grand nombre de députés et de sénateurs, les notabilités de la science, les professeurs du Muséum, de l'École des mines et des ponts et chaussées, plusieurs membres du conseil municipal de Paris, des représentants de la haute industrie et les principaux rédacteurs de la presse scientifique, M. Jamin a fait, sinon une conférence, du moins une démonstration de ses procédés.

Après avoir décrit la nouvelle lampe et résumé ses propriétés, M. Jamin a, par des expériences variées, démontré qu'on devait obtenir les résultats suivants :

Toutes les lampes placées dans un même circuit peuvent être constamment allumées et éteintes, autant de fois qu'on le veut, sans y toucher.

Chaque lampe contient trois ou un plus grand nombre de bougies ; quand l'une est consumée, elle s'éteint et sa voisine s'allume d'elle-même. Si un accident survient à une lampe, les autres n'en sont point affectées et continuent à brûler.

La lumière peut à volonté être augmentée ou diminuée. La lumière peut être conduite à 4 kilomètres avec un fil de cuivre de 1 millimètre, et à 16 kilomètres avec un fil de 2 millimètres, ce qui permet l'éclairage des plus grandes villes avec une usine centrale.

Les expériences faites devant le public assistant, ont, en outre, démontré la fixité des rayons lumineux obtenus avec la lampe Jamin.

En terminant, M. Jamin a démontré que son système procurait un bénéfice de un tiers ou un quart au moins sur l'éclairage au gaz.

La démonstration scientifique de M. Jamin a été accueillie avec une grande faveur par l'assistance qui a manifesté hautement le désir de voir tenter publiquement des expériences d'un procédé qui aurait pour but de résoudre la question si importante pour les villes, comme pour les usines et les grands établissements, de l'éclairage à bon marché.

De si hautes adhésions ne laissent pas de doutes sur l'avenir de la lampe Jamin.

Arrivé le dernier, le système du savant électricien a pris d'emblée la première place, et grâce à lui le problème de l'application pratique, qui naguère encore semblait si loin d'une solution, est à peu près résolu.

L'exposition internationale d'électricité et le congrès d'électriciens qui se tiendra à Paris l'année prochaine, ne peuvent manquer d'exercer sur cette importante question la plus heureuse influence.

L'exposition s'ouvrira le 1ᵉʳ août et sera fermée le 15 novembre 1881. Elle aura lieu au palais de l'Industrie et sera ouverte à tous les objets qui rentrent dans le vaste domaine des applications de l'électricité.

Les classes principales seront la télégraphie, la téléphonie, *la production et la distribution de la lumière, les phares et les signaux,* les moteurs électriques appliqués à l'industrie et aux chemins de fer, les fils et câbles, la galvanoplastie et le transport des métaux; les applications aux beaux-arts et aux ouvrages domestiques.

Une collection lithographique et un musée historique des applications de l'électricité complèteront cette curieuse et importante exposition, dont la portée et les résultats scientifiques et industriels dépasseront, croyons-nous, toutes les prévisions.

FIN

TABLE DES MATIÈRES

Soc. d'impr. Paul DUPONT, Paris, 41, rue J.-J. Rousseau. 146, 9.-80